五分の一に入る生き方

織田幸男

はじめに

本書を手にとっていただきありがとうございます。

私は「人が幸せになるためには何が必要なのか？」ということを今まで、四六時中、考えて生きてきました。

なぜそんなことを考えてきたかというとコロナ禍で大変厳しい経験をして、前年比売上９割減という旅行業を営んでいる経営者だからかもしれません。

そもそもコロナ禍でなくとも競争社会の現代は人々は心安まる時間が少ないとも言えます。ストレス社会と言えますが、やはり皆さん幸せになりたいと思うはずです。

私は多くの人が幸せであって欲しいと願っていて、二〇〇七年頃より熱烈に「どうしたら人は幸せになれるのか」について追求してきました。

ところで海外を広く見渡すとブータンは、世界で最も幸せな国の一つと言われています。彼らは日々の生活に満足しています。彼らはお互いを比較する競争を行わないので、自分は幸せであると感じているのです。

本田健氏の『一瞬で人生を変えるお金の秘密　ｈａｐｐｙ　ｍｏｎｅｙ』では「幸せ」というのは私たちが自分で定義するものだとしています。

相手との比較というゲームにハマっていては幸せと感じることはできないのです。

私たち日本人もブータン人と同じように、自分がどのようになれれば「幸せ」なのかを、自分で決める必要があります。

自分の強みである才能を生かして生きることができれば、あるいは、あなたは次のレベルに上がることができれば、自分に自信が持てて「自己肯定感」が高まります。

私は名古屋と四日市にて貸切バスを所有する旅行会社である株式会社グリーントラベルと、健康食品を販売する株式会社グリーンフーズを経営しています。

二〇〇七頃、将来成功したいと自己啓発に興味を持つようになりました。成功哲学を学び当時、３つの驚きがありました。

一つ目は「物事はすべて他人や環境のせいではなく、自分の責任である」という考え方で、二つ目は「無理だと思えることも、諦めなかったら達成出来る」という考え方で、三つ目は「感情はコントロールできる」ということでした。成功哲学を学び始めてから10年程立った二〇一七年あたりには、物事はすべて他人や環境のせいではなく、自分の責任であると考えることが多少できるようになっていました。また「こんなことは無理だ」と思っても「やってみないとわからない」と思えるようになりました。感情についてもコントロールできるようになっていきました。結果的にそれらの考えがまとまり「五分の一に入る生き方」が私の中で確立できました。

そして二〇二〇年の新型コロナウイルスが蔓延するまでは、会社の業績がV字回復していったのです。

私は多くの皆さんが幸せになるためには、「五分の一に入る」ことを勧めています。五分の一に入ることができれば、上位20%に入っているという状態になります。そして、自分に自信が持てて、自己肯定感が高まるからです。

本書では、他人と比較するのではなく、自分自身は「五分の一」に入っていると

「自覚」することによって、自分が満たされた気持ちになり、自分は幸せだと感じることを推奨しています。

そこで、手っ取り早く「五分の一に入る方法」を本書ではお話しいたします。

本書を読んで読者の皆さんの自己肯定感が高まり、本書との出会いが人生に幸福を引き寄せるきっかけとなれば幸いです。

【本書の取扱説明書】

本書では、「質問」が書かれています。そのまま本文を読み進めるだけではなく、必ず「回答」を埋めるようにして下さい。「回答」を埋めようとすることで、思考状態が眠っている状態から活発に働き始めます。すぐに回答することが難しい質問もありますが、「考える」ことであなたの潜在能力を高めることができるのです。

五分の一に入る生き方

目次

第3章　自分の強みを発見する

第４章　会社員として五分の一を極める方法

第5章　会社の業績アップに貢献して五分の一に入る方法

第6章　健康も五分の一を目指す

第1章
なぜ五分の一に入ると幸せなのか

「五分の一」のススメ

今この本を読んでいるあなたが幸せになるために、本書では「五分の一に入る」ことを勧めています。

全体の五分の一に入ることができれば、自分が上位２０％に入っているということなので、自分に自信が持てて、自己肯定感が高まるからです。

「パレートの法則」という言葉があります。パレートの法則は、イタリアの経済学者ヴィルフレド・パレートが発見した法則で、経済において、全体の数値の大部分は、全体を構成するうちの一部の要素が生み出しているとしています。

具体的には２割の要素が、物事あるいは結果全体の８割を生み出しているのです。

パレートの法則の主な例

・売上げの８０％は、全体の２０％の顧客で占めている
・売上げの８０％は、全体の２０％の製品で占めている

・売上げの８０％は、全従業員のうちの２０％のスタッフで生み出している
・成果の８０％は、費やした時間全体のうちの２０％の時間で生み出している
・勤務時間の２０％で、その日の成果の８０％を実現している

社会や家庭や学校をみると
・犯罪の８０％を２０％の犯罪者が占めている
・交通事故の８０％を２０％のドライバーが占めている
・宴会時に飲んだビールの本数の８０％は、全体の２０％の人が飲んだ本数だ
・カーペットで擦り切れる８０％は、全体の２０％の部分のみだ
・教室で生徒がする質問の８０％は、２０％の生徒が質問している

以上より、結果を大きく左右する２０パーセントが何であるかを理解する必要があります。

パレートの法則を間違った方法で利用すると、道に迷い、見当違いの方向に進むかもしれないからです。

固定概念を捨てて他人が行かない道を探す必要もあります。

行動パターンを変え重要な２０％（五分の一）に力を集中する必要もあります。

努力の平均水準を上げるのではなく努力を一点に集中しましょう。決められたコースを走るのではなく近道を探す方法もあります。

最小限の努力で最大限の成果を発揮するのです。

多くの分野で平均点を取るのではなく一つの分野に集中していきましょう。

第3章では、自分の強みを知る方法と、それを活かす方法をお話ししますが、自分の「得意とすること」や「楽しいと思うこと」に集中することも重要です。

ほんの一部の要因が、全体に決定的な影響を与えることが理解できたでしょうか？

もし上位２０％に入ることができれば、８０％の成果を得られることになります。

ですので、本書では、「五分の一に入る生き方」を勧めているのです。

質問：　あなたは2割の要素が、物事あるいは結果全体の8割を生み出すことを理解できましたか？

回答：

満足基準という考え方

幸せになるために皆さんの頭にぜひ入れて欲しいことがあります。

それは『満足基準』という考え方です。

この概念は一九七八年にノーベル経済学賞を受賞したハーバード・A・サイモンが唱えたものです。そして、彼の最大の業績と言われています。

これまで経済学が扱ってきた考え方では、市場は需要曲線と供給曲線の交わったところが最適値になるなどといった考え方に沿って、どのようにすれば一番合理的になるのかを考えることが一般的でした。

それまでのこれらの考え方を根本から否定して、人々がいろいろな選択肢から何かを選ばなければならない場合に、昔の経済学が想定した合理性を最大化しようとするのではなく、自分の「満足基準」を満たしているかどうかを大切にしたことです。

例えば、パートナーを選ぶ場合、この人で本当にいいのだろうか、と悩む場合があると思います。もう少し待てば、もっと素晴らしい相手と出会えるかもしれないとか、最高のパートナーと出会えるかもしれないとか、考えてしまうと、今あるチャンスを逃がす可能性があります。

このように、何かを決める場合、何を基準で考えれば良いかというと、「仮にこの決断をした場合、あなたは満足しますか?」という質問を自分にするのです。

もし「満足できない」と思えるのであれば、その決断をしてはいけません。逆に「満足できる」と思うのであれば、それを選びましょう。この「満足基準」という考え方を「ものごとを選択する基準」にすれば、後になってもっと良い選択肢が見つかるかもしれませんが、今ある素晴らしいチャンスも逃がすこともなく、自分が満足しているのですから、後悔することもないのです。

私は、この「満足基準」の考え方を知ってから、何かを決断するときには、自分が満足できる線を引いて、満足する線以上であればＯＫ、満足する線未満であればやめておくことにしました。

このように考えるようになってからは、後悔をすることがなくなり、満足基準以上のことばかりを選択するので幸福度が高まったのです。

幸せになるには、「満足基準」を基にこれから起こる様々な「選択肢」から自分が満足できるものだけを選択していくのが良いのです。

質問１：　あなたは、いま自分が幸せだと感じていますか？

回答１：
　　幸せではないと思っていますか？

質問２：　そう思う理由は、何でしょうか？
回答２：

私が確実に五分の一に入ってなかった時代の回顧録

私は中学2年生の時、ある女の子を好きになりました。一つ下の後輩だったのですが、その子と周辺にいる数名の子達がよく挨拶をしてきたので、時間が経つにつれて好意を抱くようになり、好きになってしまったのです。

当時はその子に挨拶される度にドキドキしていましたが、表面上はクールに返事をしていました。恋愛に慎重だった私は、彼女達に質問されることに答えるだけで、こちらから質問をしたこともなく、アクションも起こせませんでした。当時の私の感覚では、デートに誘うという発想自体もなかったのです。

しかし、なぜか「地域一番の高校にまず合格して、入学後この子に勉強を教えてあげたい」と思うようになったのです。今思えば、彼女と付き合いたいとか、デートしたいとか考えるのが普通だと思うのですが、このようなおかしな願望を持ち、実際には本気だったのです。

このおかしな願望のおかげで、志望校が鮮明に浮かびあがりました。その高校に行くには、上位20％以内の成績で、点数も平均80点以上を取る必要がありました。当時の私の成績は中くらいで、学校の先生にもその高校に行くのは「絶対に無理だろう」というような反応をされました。でも、「地域一番の高校に合格して、入学後この子に勉強を教えたい」という願望を叶えるには、成績を上げなければならなくなったのです。

質問：　あなたは、何か成し遂げたいことはありますか？

回答：

成り行きでは五分の一に入れない

信念が揺らぐと、目標は達成しない場合が多いです。後でお話しするように、「強い理由」がないと、目標は達成しにくいのです。

私は、志望していた高校に無事入学し、クラスの室長を選ぶ時、担任の先生が「入学試験で優秀な成績で、生徒会経験者は・・・それでは、織田君はいかがですか？」ということで、私は室長になりました。

そして新しい生活でバタバタしているうちに、初めての中間テストを迎えました。テスト勉強をしていなかったわけではありませんが、結果は最悪でした。よく考えたら、自分より頭が良い人がこの高校に入学しているわけですから、仕方がないと思いましたが、同時に、入学試験では私は優秀な成績だったみたいだし、クラスの代表である室長なのだからこのままではいけないと思いました。

そこで、中学時代に気に入っていた女神を思い出しました。私は彼女のおかげで、自分の基準を上げて、この高校に入学できたからです。彼女に会いたいと思い、思い切って電話をしました。

するとと彼女は、Ａ子ちゃんと一緒なら会っても良いとのことでしたので、その子と一緒でもいいよ、と返事しました。その時、何かおかしいとは思いましたが、デートの当日がきました。その日衝撃的な事実が明らかになったのです。私のことが気になっていたのは、彼女ではなく、その友達の方だったのです。これは大いなる勘違いでした。しかし、私にとっての女神は、あくまで彼女だったので、心の中ではその後も当分引きずっていましたが・・・。

それからは、部活動に熱中していきました。受験生になってからも、多少は勉強をしていましたが、勉強する科目は、好きな科目に集中してしまい、目標をもたず、ダラダラとしていたので、結果的に、受験した大学はすべて不合格ということで、最悪の結果になってしまいました。

今思うと、すべて成り行きで、高校受験の時のように、合格するために、何をどれだけ勉強しなければならないかという道標を決めていなかったことと、絶対に合格するという信念がなかったからこのような結果になってしまったのです。

質問：あなたは、絶対に成し遂げたいことを実現するために、どのような道標を設定したいと思いますか？

回答：

あなたは、いま自分が幸せだと感じていますか？

あなたは、いま自分が幸せだと感じていますか？
このように質問されたら、あなたはどう答えるでしょうか？
「はい、幸せです」と答えるでしょうか？
「いいえ、幸せではありません」と答えるでしょうか？

もし、「幸せではない」とあなたが思っているとしたら、何故幸せではないと思っているのでしょうか？

人が不幸に感じる原因は、「自分は不幸だ」と思い込んでいるからです。これは自分の「思考」からそう思っているのです。「ストレス」が原因で、不幸になってしまうこともあります。

えてして育った環境である「家庭環境」も不幸に思う原因になりえます。人間関係が上手くいかないときも同様です。

人間関係で自分が幸せではないと思っているのであれば、アドラー心理学の視点が有用です。

アドラー心理学では、すべての悩みは「対人関係の悩み」から来るものだとしています。また、今の自分を認めて、自分自身の「ものの見方や感じ方」による「劣等感」を感じないようにすることを勧めています。

さらに「自己肯定」よりも「自己受容」することも勧めています。

具体的には、仮にテストで６０点を取った時に、今回はたまたま運が悪かっただけで、本当の自分は１００点なのだと言い聞かせるのが「自己肯定」です。逆に、６０点の点数を自分の実力だと受け入れた上で、１００点に近づくにはどうしたらいいか、と考えるのが「自己受容」だとしています。

アドラー心理学では、今の自分を認めて、『今を生きる』ことができれば、将来に不安を抱くことはないとしていますが、アドラー自身も実際にこれを実行するのは非常に難しいと言っています。

特に、他人と自分を比べたときに、「あの人はいいな、羨ましいなあ」と思って、他人に嫉妬してしまうと、自分は不幸だと感じてしまいます。

これは、自分には価値がないと思えたり、他人の目を気にしたりするので、不平不満が溜まって幸せではないと感じるからです。

第2章
五分の一に入るための
はじめの一歩

実は人間には、能力の差はあまりない

確かに人間には、能力の差はあります。しかし、その差は思ったより少ないのです。能力の差は「興味」と「時間」である程度、埋めることができます。

例えば、ある人は芸能人に興味があるとしましょう。その人に芸能人のことについて尋ねると凄く詳しい。またトレーディングカードが好きな人に、トレーディングカードについて尋ねると凄く詳しい回答が返ってきます。プロ野球に興味がある人に、プロ野球について尋ねても同様です。

仮に、全く興味がない異性がいたとしましょう。興味がないのでその異性に関して何も知りたいとは思いません。ある時、その異性に困った時に助けられて、その異性に対して恋愛の感情が出てきたとしたらどうでしょうか。その異性のことをたくさん知りたいと思うようになるでしょう。

人は「興味」があることは、自然と学習します。逆に興味がないことには、全く関心がないので、どうでも良いと思ってしまうのです。

さて、あなたは、三角形の合同条件の３つを覚えていますか？

３組の辺がそれぞれ等しい

２組の辺とその間の角がそれぞれ等しい

１組の辺とその両端の角がそれぞれ等しい

中学校の数学の証明問題で必ず出る問題ですが、この３つの三角形の合同条件を覚えていないと問題は解けません。例えば、トレーディングカードとかポケモンとか、すごくたくさんの数がありますよね。トレーディングカードとかポケモンに興味がある人は、このカードの効果は、攻撃時に攻撃力をプラス１万にするとか、このポケモンの名前は〇〇とか〇〇タイプとか詳しくてビックリします。

では、いくつあるかも分からないトレーディングカードとかポケモンの種類を覚えるのと、３つの三角形の合同条件を覚えるのと、客観的に考えて、どちらが大変でしょうか？

どう考えても３つの三角形の合同条件を覚える方が簡単ですよね。３つだけ覚えればよいだけですから。しかも、これさえ覚えれば問題が解ける可能性があります。トレーディングカードとかポケモンの種類は数え切れない位たくさんありますから。でも３つの三角形の合同条件を覚えていないけれど、トレーディングカードとかポケモンの種類をたくさん覚えている人はたくさんいるのです。

人間には、能力の差はあまりなく、「興味」が重要なのです。
しかし「興味」が出て、３つの三角形の合同条件を覚えただけでは問題は解けません。なぜなら、問題の解き方について「時間」をかけていないからです。

「理解できる」と「問題が解ける」とは、全く次元が違います。もちろん理解できなければ問題は解けませんが、理解しているだけでは問題は解けません。

どうすれば良いかと言うと、問題を解くことに「時間」をかけることです。「経験」を積むのです。ロールプレイングゲームでは、まずスライムのような弱い敵を倒すことから始めます。そして少しずつ強い敵を倒しながら、最終的にボスキャラを倒すことができるのです。

いきなりボスキャラと戦っても勝てるはずがありません。「時間」をかけ、「経験」を積むことによって、問題を解くことが出来るのです。三角形の合同の証明問題も、３つの合同条件を覚えるだけでは問題は解けません。証明問題の正解をまず理解できるようにし、理解できたら、「時間」をかけ、何度も何度も、問題を解き、「経験」を積むことで問題を解けるようにするのです。

能力の差は「興味」と「時間」である程度、埋めることができるのです。補足ですが「興味」の中の何に「焦点」を合わせるかも重要です。

私は、車を買おうと思ったとき、どの車を買おうか迷いました。そこで、色々な車のカタログを集め始めました。その中で欲しい車が定まってから、何故か、その車が急にたくさん走っているように感じるようになったのです。

ここで質問です。その車は本当に増えたのでしょうか？

そうではありません。その車が急に走っているように感じるようになったのです。「焦点」がその車に定まったため、今まで見えてなかったその車がたくさん見え始めたのです。

私の大学時代の友人は、休憩時間にいつも英語で書かれた雑誌を見ていました。本当にビックリしました。英語の雑誌を読むなんて凄いと思いました。自分には英語の雑誌なんか読むのは無理だと思いました。でも、その友人はそんなに英語力があるわけではありませんでした。

その友人は野球が大好きで、特にアメリカのメジャーリーグが大好きでした。その雑誌はアメリカのメジャーリーグの雑誌でした。英語力がなくても、アメリカのメジャーリーグについて詳しければ、英語の雑誌が読めるのです。

これは、英語で書かれた難しそうな研究論文を読む場合も同じです。興味のない分野の研究論文は、日本語で書かれていても意味が理解できません。しかし、その分野に興味を持ち、ある程度勉強していれば、ある程度の内容が理解できるのです。

あと「時間」をかけるに似ていますが「慣れ」も必要です。私の大学院の学生時代は、毎週50ページぐらいの英文を要約して、みんなの前で発表しなければなりませんでした。日本語で書かれていたとしても理解するのが難しい内容で、はじめは分からない単語ばかりで、絶対に要約するのは無理だと思っていました。

それでも宿題は必ずやらなければいけないので、毎週、渋々レジュメを作っていました。不思議なことに経験を積むうちに、英語の論文が読めるようになっていったのです。このおかげでいつのまにか、修士論文を作成する際の英語の参考文献も読めるようになっていたのです。

当時は英語の論文をバンバン読んでいたのに、現在は英語を全然読んでいないので、ほとんど読めなくなってしまいました。慣れれば、こんなの無理だと思えていたことも可能になり、以前は出来ていたことも、慣れがなくなればできなくなってしまうのです。

このように人は「興味」を持って好きになれば、「焦点」が定まり、「慣れ」はじめると、無理をしなくても自動的に「時間」をかけることができて、その分野をマスターすることが可能になるのです。

質問1：今あなたは、何に「興味」を持っていますか？
　　　　または、今から何に「興味」を持ちたいですか？
回答1：
質問2：また、その興味に「時間」をかけていますか？
　　　　または、どのように慣れるようにしますか？
回答2：

質問３：　あなたはなりたい自分になるため何に興味を持つと良いと思いますか？
回答３：

根本的な人生の問い

あなたは、どのような人になりたいですか？
あなたは、何が本当にしたいですか？
あなたは、何が本当に欲しいですか？

これらの質問に対して、「周りのみんなと同じが一番」と言って、なりたいものとか、欲しいものが、特にないと答える人もいます。

しかし、このような「質問」を自分自身に対して行っている人と、そうでない人とでは、全く異なる人生になります。なぜなら、人生にも「カーナビ」が必要だからです。カーナビは一度目的地を入力すると、次の信号を右とか左とか目的地まで案内してくれるからです。

カーナビがなければ、どのように進んで行けばよいか分からず、全く身動きが取れなかったり、下手をすると同じ道を行ったり来たりして、結局全く進んでなかったり、逆に進んでいることさえ起こりかねません。

望月俊孝氏の『9割夢がかなう宝地図の秘密』によると、成功者の頭の中には「明確な夢」やその夢を実現させるための「道しるべ」が入っているそうです。その「道しるべ」には、消そうとしても、消すことができない夢が入っている必要があり、そしてその夢や目標がリアルに思い描けることも必要です。そうするために、コルクボードや模造紙などに「夢の実現」や「理想の自分」をイメージさせる写真や言葉を並べて、目に見える形にしたものが「宝地図」です。それを1日に何度も見るようにすれば、あなたの夢が強くイメージされて、無意識のうちに夢や目標の実現に役立つ情報に敏感になります。そうやってセルフイメージが高まることによって、潜在意識が夢の実現を引き寄せてくれるのです。

丸井章夫氏の『幸運を引き寄せたいならノートの神さまにお願いしなさい』においても、願望をノートに書き、ノートの神さまにお願いすることで、その願いを叶えることができるとしています。そこでは、願望をノートに書く６つのメリットを挙げています。

メリット①　気づきが生まれ「整理」できる
メリット②　目標が定まる
メリット③　夢が叶う
メリット④　日常生活で成果が上がる
メリット⑤　ストレスが軽減する
メリット⑥　自分の強みがわかり自信がつく

これらは、目標を設定して、その目標を何度もイメージすることが非常に大切なことであることを示しています。では具体的に、どのような目標を見つければ良いか分からない読者もいると思うので、私の経験を話しましょう。

願望を達成するために、「絶対に〇〇しなければならない」と決断することには、非常に大きな力があります。この「しなければならない」は、人から強要されたものではなく、自分が絶対に実現したいことを成し遂げるために必要なことだからです。

ここで非常に大事なことがあります。

「しなければならない」には「強い理由」が不可欠です。私の場合は、「地域一番の高校に合格して、彼女に勉強を教える」という理由があって、「必ず成績を上げる」必要性が出てきたのです。あなたの「願望」とその「強い理由」を考えてみて下さい。

私が二〇〇八年にあるセミナーに参加した時のことです。そのセミナーでは人生の目的や目標を設定して、それを周りの参加者に大声で何度も叫び、自分自身の目的や目標を潜在意識までインストールする演習がありました。

そこで私は、「自分自身がまず成幸して、その成幸した方法を出版し、その本を読んだ人が成幸すること」という目標を設定しました。ちなみに「成幸」というのは、

「成功」して「幸せになる」という意味です。
目標を心に刻むことができれば、目標はいつか達成できると言えます。今年は二〇二一年ですので、13年越しに出版の夢が叶ったのです。

質問１：　あなたの成し遂げたいことは何ですか？
回答１：

質問２：　成し遂げたいことを潜在意識にインストールして、いつも忘れないようにするために、あなたはどうしますか？
（スマホの待受画面にする、紙に書いてトイレのドアに貼る等）
回答２：

質問３：　あなたがそれを成し遂げたい「強い理由」は何ですか？
回答３：

相対的欲望理論

自分の基準を上げると困難を乗り越える力が付き、自己重要感が高まり、五分の一に入る人生を目指すことができます。逆に、欲望の基準を下げるとお金が溜まって幸福度も上がります。

欲望をすべて満たそうとすると、お金などの制約から欲しい物をすべて手に入れることはできません。ですので、不満が高まり、他人がその欲しい物を持っているのを見て、うらやましいなぁと思ったり、自分はなんて不幸なのだと思えたりします。

欲望の基準を下げれば、欲しいと思う欲望が少なくなるので、本当に欲しいと思うものにお金を使うことが出来て、手に入れられる可能性が高まります。では、どのようにすれば、欲望の基準を下げることが出来るのでしょうか?

まず、欲しいと思った物の価値はいくらぐらいなのか考える癖をつけましょう。そして、その商品やサービスの値段と見比べます。自分が思った値段より高ければ、「それを購入する価値が今はない」と考え、これは「今は要らない」と思うようにしましょう。

自分が思った値段より安ければ、次にそれが本当に今すぐ必要で欲しい物なのか考えます。みんなが持っているから欲しい、と思う場合もありますが、みんなが持っているから欲しいと思うのではなく、本当にそれが欲しいかどうか真剣に考えましょう。本当に必要で欲しい物でなければ、今は買ってはいけません。

トマス・J・スタンリー氏の『となりの億万長者‐成功を生む7つの法則』によると、どのような人がお金持ちになるかについて次の7つを挙げています。

①収入よりはるかに低い支出で生活する
②資産形成のために、時間、エネルギー、お金を効率よく配分している
③お金の心配をしないで済むことの方が世間体を取り繕うよりもずっと大切だと考える

④社会人となった後、親からの経済的な援助を受けていない
⑤彼らの子供達は、経済的に自立している
⑥ビジネスチャンスを掴むのが上手だ
⑦彼らはぴったりの職業を選んでいる

彼らは、普通の人とは「違う行動」をしています。「資産」と給料などの「所得」は異なることを理解して、ものを買って見せびらかすよりも、将来値上がりしそうな資産を所有しようとするのです。

お金持ちになるには「幸運、遺産、高学歴、頭の良さ」が条件になるのではなく、自分を律する強い精神力を持つことが何よりも重要で、勤勉・我慢・計画性などのライフスタイルによって資産を作っていきます。

スタンリーは億万長者研究の結論として、一般的にはお金のある人は気前よくお金を使い、高級車や高価な服などの贅沢品を見せびらかしながら生活をしているように

思われがちですが、まったく逆で、贅沢品ではなく実質的な価値を重視することが重要としているのです。

みんなと同じものが欲しいと思うことは、みんなが死んだらあなたも死ぬのか、という極端な質問まではいかないにしても、不要なものにお金を使いがちです。

例えば、飲み会に参加した時に、みんながビールを注文しているという理由から、たとえ自分はビールがあまり好きでなかったとしてもビールを注文するのは良くないのです。「実質的な価値」を考えれば、もしトマトジュースがビールより好きであれば、健康的なことも考えて、トマトジュースをオーダーするべきなのです。

また、みんなは喉が乾いた時、自動販売機で５００ミリリットルのペットボトルのジュースを毎日買っていたとしましょう。空のペットボトルに浄水器でろ過した水を入れれば、一本１５０円だとすると、月に１５０×３０＝４５００円、一年で１５０×３６５＝５４７５０円節約できます。

浄水器を購入するのに、高級なものであればこれくらいのお金は必要ですが、浄水器を購入すれば、家族全員が安全な水を利用することができます。約5万円の浄水器は高いので買えないと思うかもしれませんが、節約したお金で充分に買うことが出来るのです。

しかも、例えばペットボトルのジュースを買っていた場合、糖分が多く入っているので、普段から飲むものを水に変えれば、糖尿病になるリスクも軽減できます。浄水器は一度買ってしまえば、後はフィルターを交換すれば故障するまで使用出来ますし、維持費用はあまりかかりません。浄水器は家族全員で利用できるので、全員が健康になれるのです。

月末になると銀行の残高がほとんどなくなってしまう人がいます。そのような人に限って、ペットボトルのジュースやビールなどのアルコールを毎日のように飲んでいたり、タバコを吸ったり、間食としてお菓子やデザートを食べていたりしています。日々の支出はそんなに多くはないかもしれませんが、年間で考えれば大きな金額になるので、お金も減りますし、健康も害している人が多いような気がします。

また、収入が増えれば増えるほど、支出が増える傾向があります。人は何も考えずにお金を使うと、だいたい収入と同じ金額を支出する傾向があります。だから、収入がいくら増えても、預金残高は増えない人が多いのです。

ですから、収入を増やそうとすることは重要ですが、それだけではなく、支出をコントロールする必要があるのです。支出をコントロールするには、ここで書いてあるように、お金を使う場合、それにお金を使う価値があるか考えてからお金を払う癖をつけて下さい。

まわりの人が欲しいと思うものを欲しがらず、自分が本当に欲しいものを購入する癖をつけましょう。

そうすれば、銀行預金の額は自然に増え、本当に欲しいものを購入でき、他人が持っていないものも購入できます。

そして、満たされた気持ちになり、健康的になり、幸福度も上がるのです。

質問1：あなたが、毎日お金を使うものは何ですか？
回答1：
質問2：それは健康的なものでしょうか？浪費に値するものでしょうか？
回答2：

伝染の法則

成功哲学では、普段仲良くしている5~7名の友達の平均値があなたの将来だとよく言われます。これは成績でも同じことなのです。

あなたの普段仲良くしている5~7名の友達の成績を思い浮かべて下さい。そしてその5~7名の成績を足して人数で割って下さい。その成績があなたの将来の成績になる可能性が高いのです。(社会人の場合は、「成績」を「資産」と読み替えて下さい。)

可能性が高いと書いたのは理由があります。必ずそのようにはならないからです。なぜかというと、例えば、学年の中で1番から7番までの7名と友達になったとしても、その友達と普段ゲームの話しかしていなかったとしたら、ゲームのレベルがその7名の平均値に近づくだけで、成績は近づきません。

この7名の友達と普段勉強の話をしているとしたら、7名の成績の平均に近づくでしょう。それから、「5～7名の平均」と書いたのも意味があります。一般的に普段親しくしている友達の成績はバラバラである場合が多いからです。

私の経験をお話しましょう。私は中学2年生の時、友達の中でも特にクラスで仲良くしている友達が2人いました。クラスの中では、いつも3人でいました。その2人は学年でもトップクラスでした。2人の会話はなぜか勉強のことで討論していることが多く、私は2人の議論をいつも聞いていました。当時の私の成績は中くらいでしたので、はじめはチンプンカンプンでしたが、時間が経つにつれて、次第に2人の会話が理解できるようになっていきました。

次第に2人の会話にも入れるようになり、成績も上がっていきました。さらにこのうちの1人から生徒会の副会長に立候補したいと相談を受け、私も生徒会の書紀に立候補することになりました。

運良く2人共、当選をしました。こうして、生徒会活動を行うことになったのですが、生徒会の人々はみんな成績が上位で、少しだけ成績が上がっていったものの、私だけが成績上位者ではありませんでした。

成績上位者に囲まれた生活は、最初の方は自分がこの中に合わないのではないかと思ったりしていましたが、時間が経つにつれてその空間の雰囲気にも慣れてきて、少しずつ違和感がなくなっていきました。生徒会とクラスの親友と、成績上位者に囲まれて、次第に成績も生徒会メンバーのみんなに近づいていったのです。

ここで誤解があるといけませんので、補足しておきますが、今いる友だちと別れたりしなければならないというわけではありません。友情はとても大事です。今いる友だちは大切にしてください。

いつもオンラインで、スマートフォンなどで会話をしながらゲームをすることが多いかもしれませんが、これだけではダメだと言いたいのです。「ライバル関係」は、競争をしたり、助け合ったりして、自分も相手も基準（レベル）が上がっていきます。

また、私は中学３年生の時、クラスの中で２人の仲の良い友達ができました。成績も同じか少し上くらいのライバルでした。３人で誰が一番良い成績をとれるか競争したりしていました。毎回競争をしているので、３人の成績は少しずつ上がっていき、結果的に３名は第一志望の高校に無事合格することができたのです。入学後は仲良く同じ部活に入りました。

もし、３人がライバル関係になかったら、自分も相手もお互いにレベル（基準）を上げることができず、第一志望の高校には合格できなかったでしょう。あなたのライバルは誰でしょうか？

私は、二〇〇八年にあるセミナーに参加して、自分の人生の目標として、本を出版したいと思いました。「本は偉い人が書くものだから、出版なんて絶対に無理だ」という悪魔がささやいてきましたが、同時に「あなたも出版してみたいのでしょ」と天使もささやいたのです。

本を出してみたいと「アンテナ」を立てていると「類は友を呼ぶ」と言いますが、いつの間にか、本を出版している知り合いが増えていきました。たくさんの知り合いが出版しているので、本を出すのも夢ではない、と思えるようになってきたのです。それで、今私はこの原稿を書いているのです。みんなができていると思うことで「自分にもできる」という感情が生まれます。

質問1：　あなたは、自分より基準の高い人と友達になっていますか？

回答1：

質問2：　あなたは、自分より基準の高い人と仲良くなろうとしていますか？

回答2：

質問３：　あなたは、自分より基準の高い人とどのような会話をしていますか？
回答３：

非常識の法則

みんなと同じ道を歩くという王道もありますが、他人と違うルールで戦う方法もあります。みんなと同じ方法を取る必要はないのです。人と同じ方法は、みんなが通る道なので、競争が激しいのです。

まず、自分が仮に一生懸命に努力をすれば、それを成し遂げることができるかどうか考えましょう。できると思えるなら努力をするべきです。しかし、努力をしたとしても不可能と思えるならば、「それを自分が成し遂げることができるとしたら、他の人と違う方法ではできないだろうか？」と自問しましょう。そしてそれを成し遂げたいと思い続けることが重要です。

私は受験ですべての大学に不合格だったので、これは浪人するしかないな、と思いました。その時、「もし浪人したら、来年は志望校に合格することは可能か？」と自問しました。

そのように自問したところ、難しいと判断しました。

私は、父の会社を継ぐために、経営学を勉強したかったのですが、当時の文系大学の試験科目は、英語・国語・数学または社会でした。私は国語が大の苦手で、英語も得意ではなく、好きな科目といえば、数学と日本史でした。中学時代から国語は苦手科目で、国語以外の科目で点数を稼いでいたのです。得意科目は片方しか使えないし、浪人をして1年間勉強をしても、結果は見えています。

そこで、他の方法を考えました。浪人で1年間を棒に振るのなら、大学院はどうだろう。大学院の修士課程は2年間だから、2年浪人するのと同じだ。2年浪人したとしても、合格できる自信がなかったのです。

そこで、大学院に行くことを決断しました。そのため、とりあえずどこかの大学に入学する必要がありました。今から受験できる二次募集のある大学を探して受験し、その大学に進学することになったのです。

大学入学後、中学時代のように目標がハッキリしていたので、高校時代に入りたいと思っていた大学の教授の書籍を集め、読み始めました。大学の授業も興味があるものが多かったので熱心に受講し、結果的に首席で卒業することができました。

入学した大学には、中部地区でナンバーワンの名古屋大学の先生が非常勤講師として来ていました。その先生の授業はとても面白く、先生とも仲良くなりました。大学内での論文コンテストでの論文や卒業論文についても多くのアドバイスいただきました。この先生からもっと学びたいと思い、進学先をその国立大学に変更し受験しましたが、残念ながら不合格でした。しかし、中部地区の文系でナンバーワンと言われている南山大学に合格出来ました。

大学院進学のメリットは、最終学歴を差し替えることができることです。ほとんどの人は大学院入試というと非常に難しいと勘違いしていますが、実は大学院入試は、大学入試と比べると非常に楽なのです。競争倍率は一般の大学入試より低い場合が多く、経営・経済など社会科学系ですと、試験科目は、専門科目と英語だけです。英語といっても専門分野の英文ですから、現実的には専門科目だけのようなものです。もしあなたが今の最終学歴に不満を持っているなら、大学院に進学するのも良いでしょう。

受験とカテゴリーで、例を挙げると「社会人入試」「指定校推薦」「ＡＯ入試」「４年制大学の３年次に編入試験」「大学院に進学」などがあります

受験以外でも、就職の場合も同様です。常識的な面接の対応では、多くの資格を持っている人や、有名な学校を卒業している人と比較されたら不利になる可能性が高いでしょう。

自分を有利にする方法は「目立つ」ことです。

例えば、同じ資格を取るにしても、周りの人があまり取っていない資格を取ってみましょう。

また、人より大きな声を出すとか、人より分析をたくさんしたり、人があまりしないであろう分析をして、それをプレゼンしたりして、他人よりも「目立つ」よう心がける必要があります。

「目立つ」ことができれば、不利になる場合もありますが、多くの資格を持っている人や、有名な学校を卒業している人と比較されるよりは良いでしょう。

以上より、もし自分が不利な状況にあると思うのであれば、他人とは違うやり方を考えてみてはいかがでしょうか？

質問：あなたは、目標を達成できそうにない時、他人とは違うやり方があるとしたら、どの方法があると思いますか？

回答：

自責の法則

身の回りに起こる特に良くない出来事は、他人や環境のせいだと思いがちです。一般的な人は、自分は悪くないと自然と自己防衛が働くからです。

他人のせいと思えば、気が楽になります。そうではなく自分の責任だと考えることが必要です。私は自分に自信がなく、何事も上手くいっていないのは、自分に問題があるのではないかと二〇〇七年頃から疑い始めて、自己啓発に興味を持つようになりました。

成功哲学を学んで、一番の驚きは「物事はすべて他人や環境のせいではなく、自分の責任である」という考え方でした。

何か上手く行かない時、

・親から受け継いだ遺伝のせいだ
・両親の育て方のせいだ
・上司のせいだ

・妻のせいだ（夫のせいだ）
・子供のせいだ
・景気が悪いせいだ
・国の政策が悪いせいだ

と「何々のせいでこうなった」と他人や環境のせいにする傾向があります。

「なぜ私のことを分かってくれないのか」という気持ちも同じで、自分が正しくて、相手が自分を理解してくれないことを責めているだけなのです。

相手が急に怒り出すと、急に怒り出すなんてあの人は変な人だと思いがちです。相手が間違っていると考えてしまうからです。しかし、これは正しいのでしょうか？

もしかしたら、相手に「怒るボタン」というボタンがあるとすると、無意識に相手の「怒るボタン」を押してしまったから、相手が怒り出したかもしれないのです。

スティーブン・R・コヴィー氏の『7つの習慣』では、物の見方を変えて、自分が変わらなければ、周囲も物事も変わらないという考え方を「インサイド・アウト」と呼んでいます。他人の行動が「間違っている」と思いがちですが、自分が間違っていて、相手の方が正しいかもしれないのです。

自分は正しくて、相手が間違っているという考えを持っていては進歩がありません。相手や環境など自分の外側（アウトサイド）を変えようとするのをやめて、すべては「自分の考え方」次第だと考えることが重要なのです。

人間として自分の人生に対する責任を自分で取ることを「主体的」と言います。自分の人生の主役は自分自身で、どんな人生にするかを決めるのは、自分以外の誰でもないのです。親や先生や上司のせいにしていては、「主体的」になることはできません。

自分自身が、相手や環境を思い通りに変えることはできないのです。もしかしたら、相手の不愉快な行動は、自分自身が行った「行為」に対して、相手が「反応」しているだけかもしれないのです。そうであるとすると、相手の不愉快な行動は、自分自身の「行為」に問題があったと解釈することも可能です。

人は「自分の行為」と「相手の反応」の間に「選択の自由」があります。「自分の行為」と「相手の反応」の間に人間だけに与えられた素晴らしい力があります。それが「反応を選択する能力」なのです。私達の「行動」は周りの状況からだけではなく、自分の「選択」によって決まるのです。

他人や環境のせいにしがちな「反応的な人」は自分の感情に支配されているので、天気が良ければ気分も良くなる傾向があり、天気が悪ければ気分も悪くなります。自分からは何もしないで、他人が問題を解決してくれるのを待っているのです。

「主体的な人」は、自分の行動に対する責任を取るので、他人や環境のせいにしません。天気がどうであろうと関係ないのです。自分自身の価値観に基づいて自らをコントロールできるのです。そうすれば自分から進んで状況を改善する行動をとることが可能になるのです。自分の人生を自分でつくり出すことが出来るのです。

自分を変えることはできても、他人を変えることは困難です。他人を変えることが困難であれば、変えることが難しい他人を変えるのではなく、コントロールできる唯一の「自分」を変えなければなりません。物事はすべて他人や環境のせいではなく、自分の責任であると考えるように努力し始めてから、怒りの気持ちが少なくなり、すべてが好転しはじめるのです。

質問1：あなたは、今、何に対して「怒り」を感じていますか？
回答2：
質問1：今あなたが答えたものを変えることは不可能だとしたら、あなた自身の考え方を、どのように変えたら良いと思いますか？
回答2：

リ・スタートの法則

環境が大きく変化すると、今までのことがなかったかのように、全くゼロからスタート出来ます。その法則を理解しているのと、理解していないとではかなり人生が変わります。

私が中学生の時、Ａ君という友達がいました。彼は学年トップクラスの成績で、スポーツも万能で、女の子とも仲良く話もできるし、私は彼みたいになりたいと思っていました。

それから３年後の高校３年生の時、Ａ君と私は久しぶりに話をしたのですが、会話から推測すると私のレベルとそんなに変わらないように思いました。彼は、中学生の時は女子生徒とも仲良く話が出来たけど、高校に入学した途端、女の子と話ができなくなったと話していました。中学時代は憧れ的な存在でしたが、高校に入った後は普通になっている印象でした。

Ｂ君の話をしましょう。Ｂ君とＡ君と私は、同じ高校（当時三重県では学校群といって２つの高校がセットになっていたのですが）を受験しましたが、残念ながらＢ君だけ合格できませんでした。それから３年後、Ｂ君は悔しい気持ちから一生懸命勉強したのだと思いますが、東京にある合格するのが非常に難しいと言われる大学に合格していました。

次にＣ君の話をしましょう。Ｃ君の中学時代は私と同じぐらいの成績でギリギリ高校を合格してきたようでした。しかし、一学期の中間テストではクラスで上位でした。その後も上位の成績を維持していました。

高校に入学した途端、変身したかのように変わっている人がいるということです。もちろん全員が変わっているわけではありません。しかし、高校に入学した途端、中学時代とは変わった人が意外と存在したのです。

また、比較的小さい環境の変化でも、変身することは可能です。先生が変わると、成績が上がったり、下がったりした経験がある方も多いのではないでしょうか？

先生が変わると、その先生はあなたに対する情報がまだ少ないため、白紙の状態であなたを見ます。そこで、はじめてのテストの成績が良いと、この生徒はできる生徒だと思うでしょう。逆に、はじめてのテストの成績が悪いと、この生徒はできない生徒だと思うでしょう。

最初の印象が良かった生徒が、仮に次のテストが思わしくなかったとしても、今回は調子が悪かったのかもと思うかもしれません。逆に、最初の印象が悪かった生徒が、仮に次のテストが良かったら、今回はたまたま良かったのかもと思う可能性がありま す。最初の印象が良かった生徒が、次のテストが悪く、その次のテストも悪いと、始めだけたまたま良かったのだと、次第に評価は変わっていくのです。

しかし、先生や上司が変わった場合は、以前の評価はまだありませんので、初めてのテストは力を入れることをオススメいたします。一回目がうまく行けば、第一印象が良くなり、二回目以降も結果を出せば、良い評価の人間に「変身」できるのです。

補足ですが、先生や上司と仲良くなることも重要です。仲良くなれば、あなたを見る目も変わっていきます。何か頼まれごとをされるかもしれません。頼まれごとを明るい返事で楽しくこなせば、好感度がアップします。好感度がアップすれば、先生からの評価もアップするでしょう。


ところであなたは、「イチロー」という野球選手を知っているでしょう。

彼は、一九九一年にドラフト4位で、オリックス・ブルーウェーブに入団し、一九九九年には日本プロ野球史上最速となる七五七試合目で通算千本安打を達成した有名な野球選手でした。

しかし、彼がアメリカの大リーグに行っていなかったとしたら、ＭＬＢのシーズン最多安打記録や十年連続二百安打などの多数の記録を出して、今のように世界的に有名になっていたと思いますか？

彼は「環境の変化」を利用して、自分を成長させたのです。

・先生や上司が変わったとき
・学校が変わった時
・職場が変わった時
・卒業した時

などが、人生のレベル（基準）を飛躍させる絶好のタイミングなのです。あなたは、このタイミングを逃さないようにして下さい。

あなたは、将来どんな人になりたいですか？
有名な学校に行きたいですか？
プロのスポーツ選手になりたいですか？
一流のパティシエになりたいですか？
お金持ちになりたいですか？

「卒業」をするタイミングは、特に人生というゲームの中で、現在の「ステージをクリアー」することを指します。入学後は、「草原のステージ」に進むかもしれません。「氷のステージ」に進むかもしれません。「炎のステージ」に進むかもしれません。ゼロからのスタートなのです。

誰しもが、「無限の可能性」と「能力」を持っています。

環境の変化を利用して、あなたが新しいステージで活躍することを期待しています。

質問1：卒業や転職などで環境が変化するとき、あなたはどのような自分に変身したいですか？

回答1：

質問2：卒業や転職など環境の変化を上手く利用するために、どのような能力を努力して高める予定ですか？

回答2：

第3章
自分の強みを発見する

矛盾する有益なアドバイス

あなたは今までに誰かに相談をしたことがありますか？　アドバイスは、自分よりも上手くいっている視点の高い相手のアドバイスを受け入れた方が良いでしょう。上手くいっている人の「まね」ができれば、あなたも上手くいく可能性が高いからです。逆に上手くいっていない人の「まね」をすれば、上手くいかない可能性が高いでしょう。

普段から上手くいっている視点の高い友人や先輩にアドバイスをしてもらっていたら、素晴らしいアドバイスが得られるでしょう。しかし、数名の方に相談すると、各々のアドバイスは素晴らしいのですが、それを実行しようとすると、それぞれが矛盾していて、どれを採用したら良いか分からなくなってしまうことがあります。

それでは、どのアドバイスを聞き入れたら良いのでしょう。あるアドバイスはあなたにとって特に有益で、実行しやすいかもしれません。逆に、別のアドバイスは素晴らしく思えるけれど、あなたにとっては実行するのが難しいかもしれないのです。

「人と仲良くするのが得意な社交力」「分析が得意なシステム構築力」「アイデアを出すのが得意な創造力」「人に合わせることが得意な共感力」のうちどの力が強いかが予め分かっていれば、自分軸が定まり、どの考え方やアドバイスが有益か有益ではないかが明白になります。

ロジャー・ハミルトンは、「ウェルスダイナミクス」という理論を考え出し、人には4つの力（4つの周波数）があると言っています。人によってどの力（周波数）が強いかは異なります。自分の強い力を活かすことによって、人は才能を発揮することができるのです。そこで、4つの力について説明していきます。

「外向型（ブレイズ）」＝人と仲良くするのが得意な社交力
「内向型（スチール）」＝分析が得意なシステム構築力
「直感的（ダイナモ）」＝アイデアを出すのが得意な創造力

「五感的（テンポ）」＝人に合わせることが得意な共感力

４つの力は、すべての人が持っている力です。人によって力のバランスはまちまちです。「直感的（ダイナモ）」と「五感的（テンポ）」は全く正反対の力で、「外向型（ブレイズ）」と「内向型（スチール）」も全く正反対の力です。

「外向型（ブレイズ）」　と反対は　「内向型（スチール）」

「直感的（ダイナモ）」　と反対は　「五感的（テンポ）」

全く正反対の力を同時に発揮すると、ブレーキを踏んだ状態でアクセルを踏むような感じで本来の力が発揮しにくくなります。あなたの力を発揮するためには、あなたがどの力を強く持っているのかを認識して、自分の得意なことに集中する必要があるのです。

人と仲良くするのが得意な社交力

「人と仲良くするのが得意な社交力」が強い人は、人とつながることが大好きで、社交的なので、会話の中でコミュニケーションをとるのが得意です。盛り上げ上手で、話題も豊富です。人の話を良く聞き、「人脈」を広げることも得意です。

プレゼンテーション等で「ストーリー」を語ることも上手で、自分の「ブランド」を築き、「口コミ」や「紹介」を通して、売上を拡大していきます。一人でコツコツ仕事をするより、みんなで仕事をするのを好みます。また、リーダーシップを発揮するので「チームリーダー」に向いています。

マリリン・モンロー、オプラ・ウィンフリー、ドナルド・トランプ、ビル・クリントン、ゼネラル・エレクトリック社の最高経営責任者を務めたジャック・ウェルチ、アメリカで有名な司会者のラリー・キングなどもこのタイプです。

このタイプの人たちは、人を率いたり、繋げたりすることに優れた能力を発揮します。しかし注意散漫になりやすいところもあります。彼らは外へ出掛けていき、人を通じて楽しくバラエティに富んだ変化をもたらし、「誰（ＷＨＯ）？」という観点で考えるのが得意です。売上を上げるために、誰と交渉すれば効果が高いとか、誰と誰を繋げればビジネスが加速するかを考えます。

「人と仲良くするのが得意な社交力」の強い人の得意なことやプラス面は次の通りです。

・人間関係を重視すること
・信頼関係を築くこと
・人を引っ張っていくこと
・人に従うことができること
・チーム作り
・ネットワーク作り
・素晴らしい応援団長になること

・人前に出ること
・よいチームに対しては忠誠心がきわめて強いこと

反対に不得意なことやマイナス面は次の通りです。
・数字や計算に全く興味がないこと
・バックオフィス（事務管理部門）に向かないこと
・ブレやすいこと
・しゃべり過ぎること
・思いつきで、よく方向性を変えること
・沢山の人に意見を求め過ぎること

「人と仲良くするのが得意な社交力」が強い人は、「自分がいなくては、仕事が回らないようにするにはどうすれば良いか？」と自問自答します。

自分しかできないということは、他人ができないということなので、自分自身が絶対に必要になります。

営業マンであれば、その人以外からは買えなくなっているでしょう。自分がいなければダメだという状態にして、価値を「拡大」しながら、自分の強みを発揮していくと良いでしょう。

分析が得意なシステム構築力

あなたは、「内向的」な性格の人を見てどう思いますか？
マイナスなイメージを受けるかもしれません。逆に、誰とでも気軽に話が出来る社交的な性格の人はプラスのイメージが思い浮かび、「あの人のように、明るく人気者になりたいなぁ」と思うかもしれません。

「内向的」な人は、「分析が得意なシステム構築力」が強く、細かいことに気が付きます。ですので、細かい部分まで徹底的に理解することを好むので、物事を正確に処理することも大好きです。

人とコミュニケーションをとるのが苦手ですが、細かいことに気が付いて、すべての情報を理解することを好みます。マニュアルが大好きで、「システム」の構築や、データの管理をするのが得意です。みんなで仕事をするより、一人でコツコツ仕事をするのが好きです。

「分析が得意なシステム構築力」が強い人は、細かいところまで気にかけるので、時として慎重過ぎることがあります。ウォーレン・バフェット、ヘンリー・フォード、フェイスブックのマーク・ザッカーバーグ、ロックフェラー、マクドナルドのレイ・クロック、グーグルの共同創業者であるラリ・ペイジとセルゲイ・ブリンがこのタイプです。

このタイプの成功者たちはシステム構築能力やデータの管理能力を発揮して成功を収めました。自分の考え（意見）を優先し、他人の意見に左右されません。一人でいる方が好きで、一人で仕事をした方が早いと思っています。彼らは常に効率的な方法を探そうとしています。

また「どのように（ＨＯＷ）？」と自問自答するのが得意です。例えば、何かを実現させたい時に「どのように」すればよいのかを考えて、従来よりも効率的な方法を探し出すのです。

「分析が得意なシステム構築力」の強い人の得意なことやプラス面は次の通りです。

・権力や権利を支配すること
・慎重であること
・整理整頓をすること
・きめ細かいこと
・あらゆる状況を分析すること
・まわりの人たちが気づかないような「差」を見抜くことが出来ること
・すべての基盤が整うまで気を抜かないこと
・細かいことまでリストアップ出来ること

反対に不得意なことやマイナス面は次の通りです。

・人間関係よりも仕事に比重を置き過ぎること
・社交の場を苦手とすること
・整理し過ぎてしまうこと
・単純化するのが得意なので、複雑なアイデアを上手く説明が出来ないこと
・データに没頭すること
・物事に集中し過ぎて重要な集まりに参加し損ねること

会社の業績を上げようとする時、一番てっとり早いのは、「売上」を上げることでしょう。「売上」を上げるには、「新規営業」が必要です。しかしながら、「内向的」な性格の人に、新規顧客開拓をするのはキツイと思います。

「分析が得意なシステム構築力」が強い人が成功するパターンは、「これを自分がいなくても回るようにするにはどうすれば良いか？」と自問自答をして、システムを通してまずは物事を簡単にします。そしてシンプルな作業をなるべく多く、並行しながら、アメーバのように増殖しながら、自分の強みを発揮していくのです。

例えば、家を一軒一軒回って商品の説明をしながら営業活動をするのではなく、ホームページに商品の説明をわかりやすく記載して、広告やＳＥＯ対策やＳＮＳやブログなどを使って、多くの人がその商品のホームページを見て購入できるようにするやり方が得意です。

「このようになれば、自然とこうなる」と論理的に考えて、物事をなるべく「シンプル」にして、自分がいなくても他人が対応できるように「マニュアル化」することも得意です。そうすれば、業務を標準化できて、短時間で多くの業務を処理できます。仕事量を増殖（量的に増加）することができれば、作業効率が良くなり、節約した時間を使って、２倍３倍とさらに売上を増加させることができるのです。

アイデアを出すのが得意な創造力

「アイデアを出すのが得意な創造力」が強い人は、未来のことを考えていて、普通の人が思いつかないような発想ができます。話し合いは苦手です。自分の意見が一番天才的だと思っているからです。また、すぐに行動したいので、待つこともできません。今すぐ行動することが得意なのです。「ウサギとカメ」の「ウサギ」のようですね。

「アイデアを出すのが得意な創造力」の強い人は、未来志向で、新しいことを始める才能と能力があります。「新しいアイデア」を出して「創造」をして、戦略的な計画を実行することも得意です。物事の全容を把握したり、人前で話したりすることも得意です。

物事を始めるのを得意としますが、飽きっぽい性格なので、プロジェクトを完成させることは苦手です。有名な起業家であるリチャード・ブランソン、ビル・ゲイツ、スティーブ・ジョブズ、マイケル・ジャクソン、ベートーベン、発明家のエジソンやアインシュタインがこのタイプです。

このタイプの人たちは、組織立っていないとか、社交的でないという批判を気にしません。また小さい事を忘れたり、見落としたりしても心配しません。彼らの輝かしい創造力こそが彼らの強みです。

さらに、雲の中に首を突っ込んで上から全体を見下ろすイメージで全体像を見ることができます。目の前にあるものではなく、あったらいいなと思うことで頭が一杯なので、新しいアイデアが浮かびやすいのです。

秩序や社交性が足りないことから、人から批判されがちですが、批判されてもマイペースで、細部まで気を配れなくても気にしません。時間内に必要なことを完成させることも不得意としています。

また、「何（WHAT）？」という質問に答えるのが得意です。これを行うには、「まず何をしなければならないか？」とか、「今何が必要か？」等の質問に答えることができます。その質問の答えが「新しいアイデア」を生み出し、価値を造り出すことができるのです。

「アイデアを出すのが得意な創造力」の強い人の得意なことやプラス面は次の通りです。

・理想を考える
・創造力に富む
・楽観的
・刺激的
・まわりの人たちに活気を与える
・すぐに利益を生み出す
・物事をスタートさせるのを得意とする

反対に不得意なことやマイナス面は次の通りです。

・採算を度外視し、稼いだお金をすぐに使う
・時間の意識に欠ける

・まわりの人たちの達成能力を楽観視しすぎる
・同じ物事を完了させるのを苦手とする
・すぐに取り乱す

このタイプの人は、もっと大きなもの、もっと早いもの、もっと安いもの、もっと小さいもの、もっとカッコイイもの、もっといいものを考えることによって、「新しい商品」、「新しいシステム」、「新しいビジネス」、「独自のブランド」を生み出すことに専念すれば成功できるでしょう。

人に合わせることが得意な共感力

「人に合わせることが得意な共感力」が強い人は、とても実践的な人です。逆に、創造的・戦略的な計画が苦手で、物事の全容を把握したり、人前で話したりするのも得意ではありません。タイミング感覚に優れ、人の役に立つことをするのが得意分野なので、周りから「信頼」され、推薦や紹介を得る傾向があります。人の気持ちを察しすぎるために、方向性を見失ってしまうこともあります。

このタイプで有名な人は、ガンジーやネルソン・マンデラ、マザー・テレサ、投資家のウォーレン・バフェットやジョージ・ソロスです。
このタイプの成功者たちは、自分の五感と根気強さという強みに焦点を合わせて成功を収めました。押しの弱さや政治的手腕の足りなさを人から批判されることがありますが気にせず、人より慎重に、根気よく、冷静に時間をかけて行動できます。

また、「いつ（ＷＨＥＮ）？」「どこ（ＷＨＥＲＥ）？」という質問に答えるのが得意です。自分の周囲の状況に敏感で、直感的に考える人が見過ごすようなことをキャッチすることができます。今すぐ行動するのではなく、「何もしないのが一番良いこともある」ことを知っていて、「タイミング」感覚が優れているのです。

「人に合わせることが得意な共感力」が強い人は、タイミングから価値を造ります。

いつ買って、いつ売って、いつ行動するかを知っていれば、新しいアイデアなどを考え出さなくても「富」を得ることが出来ます。さらに、人の気持ちを察しやすいので、「共感」を得ることが得意です。特に人間関係がもつれたときや、苦情処理を行う際に力を発揮するでしょう。

人に合わせることが得意な共感力の強い人の得意なことやプラス面は次の通りです。

・タイミング感覚に優れている
・精神的に安定している
・観察眼が鋭い
・洞察力がある
・忠誠心を持っている
・一度に複数の仕事をこなせる
・適正価格がわかる
・核心をつく
・他の人なら見落とすことを発見する

反対に不得意なことやマイナス面は次の通りです。

・全体像を見失うことがある
・自信をなくしやすい
・いったん立場を決めると、なかなか変えられない
・未来を犠牲にして今の瞬間を楽しむことがある
・ストレスや疑念を内に抱え込む

人に合わせることが得意な共感力が強い人は、我慢強く、自分が何に集中するべきかを明確にしています。持ち味の「根気強さ」から、慎重に物事を推し進め、人に振り回されずに、自分のやり方をやり通すことができる人なのです。「ウサギとカメ」の「カメ」のようですね。

「アイデアが出てこない人」は企画力がないとされて、能力がないと思われてしまうかもしれません。しかし、アイデアが出ない代わりに、実働部隊としては優秀なのです。一方からみると短所に思えることも、他方から見ると「長所」になります。

人の気持ちを汲み取り、共感することによって、組織を対立させずに調和させて運営することができます。また、タイミング感覚が優れているので、投資にも向いていますし、プロジェクトを今すぐ実行すべきか、今はまだ実行するには早すぎるので実行すべきではないかを判断することができるのです。

「ウェルスダイナミクス」を活用する

自分の得意なことに集中すれば、無理をすることなく力が発揮できます。あなたは、「分析が得意なシステム構築力（スチール）」「人と仲良くするのが得意な社交力（ブレイズ）」「アイデアを出すのが得意な創造力（ダイナモ）」「人に合わせることが得意な共感力（テンポ）」のどの力が強いのでしょうか？

どの力が強いかを知る上で簡単なテストをしてみましょう。

【質問１】どちらかと言うと、どちらのタイプだと思いますか？
□先手必勝の「うさぎ」（上）　□後で追い抜く「かめ」（下）

【質問２】お店に欲しいものを買いに行きましたが、商品が売切れの場合は？
□違う店に行く（上）　□注文する（下）

【質問３】どちらが得意ですか？
□アイデアの創造（上）　□値段や条件の交渉（下）

【質問４】あなたは判断するときどちらを重視しますか？
□ひらめきを重視（上）　□情報などから調べてから（下）

【質問５】あなたは次のどちらだと思いますか？
□重要な決断ができる人（上）　□精力的で底力のある人（下）

【質問6】あなたが達成感を感じるのはどちらですか？

□アイデアが実現する時（上）　□掘り出し物、お宝を発掘する時（下）

【質問7】どちらかと言うと、どちらのタイプだと思いますか？

□愛想をふるう犬（右）　□冷静な猫（左）

【質問8】あまり親しくない友人とお酒を飲むときはどちらが好きですか？

□ワイワイ飲みたい（右）　□一人で飲みたい（左）

【質問9】あなたはどちらが得意ですか？

□イベントの宣伝活動（右）　□契約の成立と管理（左）

【質問10】あなたはどちらが大事だと思いますか？

□　愛（右）　□　正義（左）

【質問11】あなたが達成感を感じるのはどちらですか？
□素晴らしい人と出会う（右）　□完璧に機能するシステムを創る（左）

【質問12】あなたは学芸会ではどちらが良いですか？
□自分が出演（右）　□裏方（左）

「上」の数（　　　）個
「下」の数（　　　）個
「右」の数（　　　）個
「左」の数（　　　）個

「上」「下」「右」「左」のうち、一番多いのはどれでしょうか？

「上」が多い場合はアイデアを出すのが得意な創造力が強い「ダイナモ」、「下」が多い場合は人に合わせることが得意な共感力が強い「テンポ」、「右」が多い場合は人と仲良くするのが得意な社交力が強い「ブレイズ」、「左」が多い場合は分析が得意なシステム構築力が強い「スチール」の可能性が高いです。

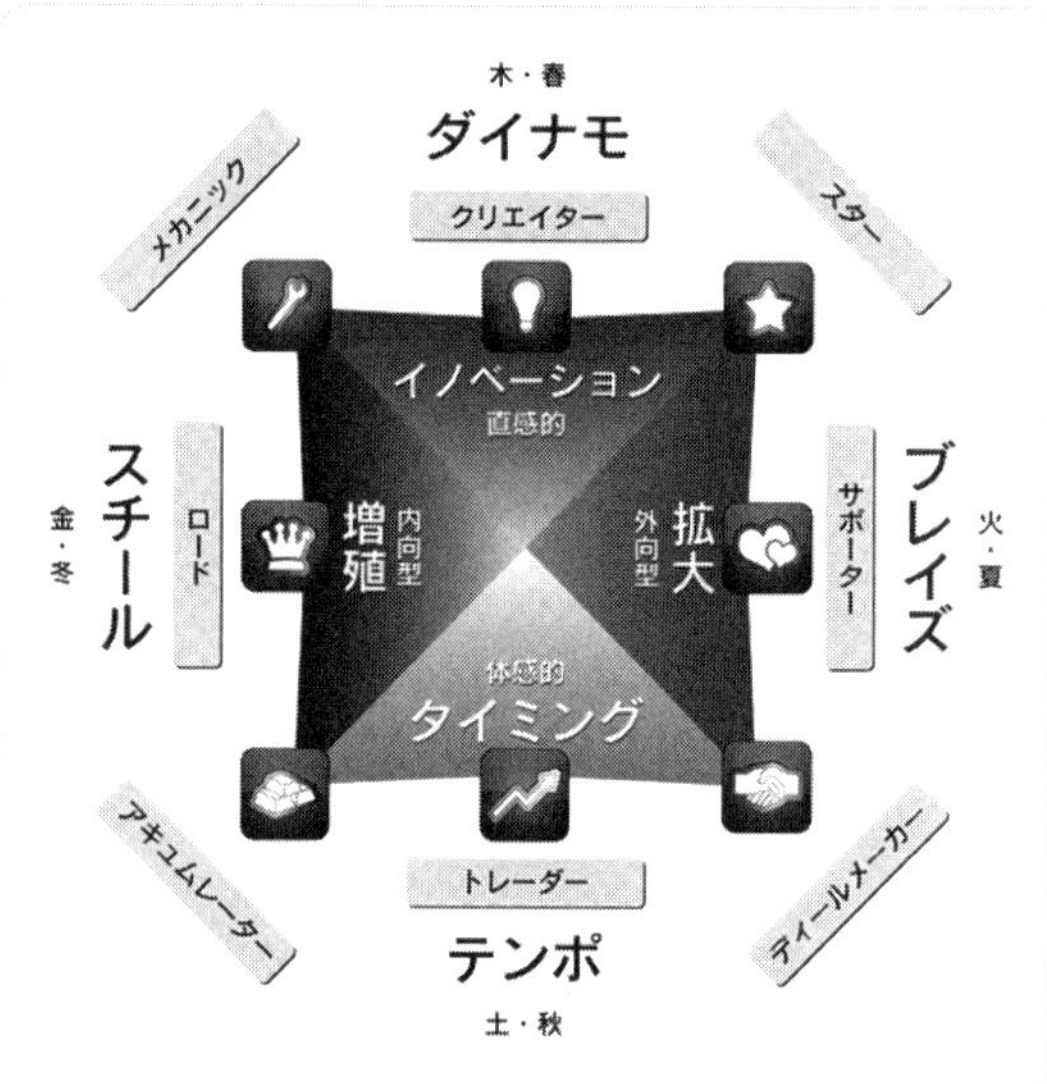

正しいタイプを知りたい場合は、無料のジーニアステストを受けることも可能です。興味がある方は、「ウェルスダイナミクス」で検索して日本適性力学協会のホームページをチェックして下さい。

また、ロジャー・ハミルトンは、「直感的（ダイナモ）」、「五感的（テンポ）」、「外向型（ブレイズ）」、「内向型（スチール）」の4つの力を組み合わせて8つの成功者のパターンを発見しました。

（一般社団法人 日本適性力学協会のサイトより）

参考までに、その８つのタイプについて簡単に説明しておきます。

「クリエイター（ダイナモ）」は、「より良い製品を生み出す」ことによって価値を生み出します。このプロファイルの人たちはビジョンを持ち、自分の推進力と新しいアイデアで、人を動かします。彼らは、自由に何かを生み出せる状況にあるときに、最大の「価値」を生み出し、生み出す余裕があればあるほど、よいものを創り出します。

「スター（ダイナモ＋ブレイズ）」は、「独自のアイデンティティー（存在価値）を確立する」ことによって価値を生み出します。このプロファイルの人たちは創造力があり、外向的です。まわりの人たちの反応からヒントを得ます。自分が目立てば目立つほど、寛いだ気分になり、より多くのものを引き寄せます。他の人が生み出し、他の人が大きくしたコンテンツを、彼ら独自の形に変え、包装を施すことで財産を築くことができます。

「サポーター（ブレイズ）」は、「チームを率いて、富を生み出すのをサポートする」ことによって価値を生み出します。このプロファイルの人たちは社交的で忠誠心があり、人脈づくりがとても上手です。自分が築いた「人間関係」と、自分が提供できる「エネルギー・熱意・時間」がサポーターの持つ価値です。

「ディールメーカー（ブレイズ＋テンポ）」は、「適切なときに、適切な人同士をつなげる」ことによって価値を生み出します。このプロファイルの人たちは、人と話し、人に影響を及ぼし、人と交渉する能力を生まれながらに備えています。さらにタイミングのセンスもあります。彼らはマーケットで人と人をつなぎ合わせるチャンスを見つけることで富を創り出します。

「トレーダー（テンポ）」は、「安く買って、高く売る」ことによって価値を生み出します。投資や商売、会社での仕入業務に向いています。このプロファイルの人たちは、人に合わせることや、人の気持ちを汲み取ることも得意で、何かが起きたときにその出来事に反応します。そのため、三年計画よりも、日々の行動戦略を立てる傾向があります。変動している市場を見つけ出し、そこで驚異的なタイミングのセンスを活かすことで富を築きます。

「アキュムレーター（テンポ＋スチール）」は、忍耐力が強く、今はまだ価値がないものでも、いつかは価値が上がるものを見つけて価値を生み出します。このプロファイルの人たちは、ゆっくり時間をかけて下調べをし、知識や資産など何を蓄積していこうかを決めます。彼らはメンテナンスをほとんど必要としない資産や才能を探します。またリスクを嫌い、ものごとをシンプルに保つのを好みます。彼らは得意分野を確立し、内在する価値を見極めることで、「価値」を生み出します。

「ロード（スチール）」は、「お金を生み出す権利を支配する」ことによって価値を生み出します。このプロファイルの人たちは、ものごとの細部が大好きで、倹約家として知られています。ロードは自分で資産を所有せずとも、その資産からのキャッシュフローを絞りだすことができます。扱うものが商品であろうと土地であろうと、ロードは持ち前の忍耐強さと勤勉さで自分が見つけたキャッシュの流れからお金を集めます。

「メカニック（スチール＋ダイナモ）」は、「よりよいシステムを編み出す」ことによって価値を生み出します。このプロファイルの人たちは、根気があり、何かを作るときには、できるだけ長持ちするように作ります。完璧主義者のため、常に自分のシステムの改善すべき点を探し、製品をさらに洗練させようとします。そのため、業務の効率化に専念することで富を生み出します。

成功者の真似をすれば、成功すると良く言われておりますが、成功者のアドバイスはそれぞれ矛盾していて、４つの力（４つの周波数）や８つのタイプと同じ成功者のアドバイスは、無理なく、自然に吸収することが可能なのです。

私自身のウェルスダイナミクスのプロファイルテストの結果は、「アキュムレーター（テンポ＋スキール）」でした。新しいアイデアを生み出すよりは、「共感」することが得意で、苦情処理も得意です。また、いつ行動を行うべきかのタイミング感覚も強いです。

また、新規営業よりも、自分がいなくても、スタッフが業務を遂行できるようなシステムを作り上げるのが得意です。

あなたも自分のタイプにあったやり方で、あなたらしく生きていきましょう。しかし、自分を成長させるためには、あえて逆のタイプのことにも挑戦していきましょう。ここでのポイントは、逆のタイプのやり方を同時に行わないことです。同時に行動しようとすると、ブレーキを踏みながらアクセルを踏むようなものだからです。昨日はこのやり方で、今日はこのやり方に挑戦するといったようにメリハリをつけながら行動していくと良いでしょう。

蛇足になりますが、ロジャー・ハミルトンは、「ウェルスダイナミクス」に加えて「ウェルススペクトル」というものも提唱しています。ここでは詳しくは話しませんが、次の9つのレベルがあります。

・赤外線：被害者（毎月のように借金がかさんでいる人）
・赤：生存者（毎月の収支のプラスマイナスがゼロの人）

・オレンジ：労働者（一生懸命に働かなければ生活していくことができない人）
・黄色：プレーヤー（自分自身で問題を解決して、自らの道を切り開く力を持っている人）
・緑：パフォーマー（チームを率いて事業を行う人）
・青：指揮者（複数の投資をしており、現金と資本の仕組みの両方をマスターしている人）
・藍色：主催者（いわゆる億万長者）
・紫：作曲家（通貨を発行し、税率を設定し、世の中の仕組みを作る人）
・紫外線：レジェンド（人びとの生きる指針となるような象徴的存在）

また、金持ち父さん・貧乏父さんで有名なロバート・キヨサキは、お金持ちになるには、「Eの従業員」や「Sの自営業者」ではなく、「Bのビジネスオーナー」か「Iの投資家」になりなさいと言っています。

私は、オレンジ：労働者　＝　Eの従業員

黄色：プレーヤー　＝　Ｓの自営業者
緑：パフォーマー　＝　Ｂのビジネスオーナー（中小規模）
青：指揮者　＝　Ｂのビジネスオーナー（大規模）

だと解釈しています。

現実的には「Ｅの従業員」から「Ｂのビジネスオーナー」になるのは非常に難しいので、まずは「Ｅの従業員」から「Ｓの自営業者」レベルになる必要があります。

本書では、「オレンジ：労働者であるＥの従業員」から「黄色：プレーヤーであるＳの自営業者」レベルに向上することが、「五分に一に入る生き方」であると考えます。

前者は、何か難しい問題に遭遇したときに、上司や他の人に頼る傾向があります。後者は、そのような難しい問題を「自分の強み」を活かしながら、自分で解決しようとします。

中小企業の経営者は「緑：パフォーマー」になりきれていない人が多いと思います。彼らは「黄色：プレーヤー」である場合が多いので、部下には難しいと判断する問題は、つい自分で解決してしまうのです。

そこで、あなたは現在「オレンジ：労働者」であるとすれば、本書を読んで実践することにより、「黄色：プレーヤー」になって下さい。

そうすれば、あなたの上司や社長は、あなたを認めて、あなたに難しい仕事を任せることができるようになります。あなたは、難しい問題に遭遇した時、「自分の強み」を活かしながら、自分自身で問題を解決することができるので、「五分に一に入る生き方」を実践できるのです。

あなたは現在「黄色：プレーヤー」であるとすれば、社員教育のために本書を部下に配ってみてはいかがでしょうか？　何名かの部下が「黄色：プレーヤー」になれば、ほとんどの仕事を部下に任せることができるので、あなたは「緑：パフォーマー」になることができるでしょう。

あなたは現在「緑：パフォーマー」であるとすれば、事業部を複数作ったり、子会社を複数作ったりして、規模を大きくしたくなるかもしれません。

事業部や子会社の組織のトップに「緑：パフォーマー」の人を選任すれば、あなた自身は演奏（プレイ）をしなくても良くなり、全体を見て指揮さえすれば良いので、「青：指揮者」になることができるでしょう。

世の中で、成功している人は「自分の強み」を活かしながら成功しています。あなたも「自分の強み」が何であるかをまず認識して、「自分の強み」を活かしていきましょう。

質問1：　あなたは、「人と仲良くするのが得意な社交力（ブレイズ）」「分析が得意なシステム構築力（スチール）」「アイデアを出すのが得意な創造力（ダイナモ）」「人に合わせることが得意な共感力（テンポ）」のどの力が強いのでしょうか？

回答1：

質問２：　あなたの得意なことやプラス面をどのように活かしていきたいですか？

回答２：

第４章
会社員として五分の一を極める方法

林修式即行理論1

何かに気づいた時、「ちょっとやってみようかな、でも面倒くさいなぁ」と思って、なかなか行動に移せない場合があります。腰が重くて行動に移すのが面倒くさいと思っても、「やる」と拳を握り、行動に移すことをオススメします。

例えば学校や職場などで、掲示板に期限が切れた書類やポスターが貼ってあったとします。「あれっ。期限が切れている!」と思っても、「掲示板の役目は自分の仕事じゃないしなぁ」とか、「別に命令されているわけではないのだから、放って置こう」とか思って「放置」してしまいます。それでは他の普通の人と変わらないわけです。問題を見つけたら放置せずに敏速に対応しましょう。

私の経営する旅行会社では、近くのスーパーにパンフレットを置かせて頂いているのですが、ある時、パンフレットを入れるケースが長い間「空」になってしまっていたことがありました。「空」になったパンフレットは邪魔になるので撤去されてしまったのです。店員さんの立場からすれば当たり前のことですよね。長い間パンフレットが「空」になっていれば、パンフレットを置いておく意味がありませんから。

これも、先程の掲示板の話と同じような例ですが、パンフレットを撤去されてしまうと、スーパーに来店されたお客様にパンフレットを見ていただけなくなってしまいますので、このようなささやかなことでも、会社の業績に大きく影響してしまうのです。

自宅や職場でトイレが汚れていた場合も同様です。トイレの掃除は、当番を決めない限り、自分の仕事ではないと思いがちです。トイレはきれいなものではないので、できれば掃除をしたくないと誰もが思います。

トイレの掃除を行わないと、汚れがますますひどくなり、簡単には汚れが取れなくなってしまいます。トイレには植村花菜の「トイレの神様」の歌詞のように、女神がいるので、ピカピカにすると運気が上がるのです。

ですので、トイレが少しでも汚れていると思ったら、自分が掃除の当番ではなかったとしても、自主的にタワシで擦ったりして、きれいにする癖をつけましょう。
掲示板やトイレであれば、それほど問題は大きくなりませんが、先程の例のようにスーパーのパンフレットが撤去されてしまったことは一例ですが、すぐに再度パンフレットを設置してもらえるように交渉あるいは、お願いする必要があります。これを「放置」すると、再度パンフレットを置かせていただくことが難しくなるからです。

何かもっと大きな問題を発見した場合はなおさらです。大きい問題を放置した場合、問題がさらに大きくなります。問題が大きくならないうちに、五分の一を目指すならば、特に簡単にできることであればすぐに対応しましょう。

対処することで怒られる場合がある時や、自分で対処できない場合であれば、上司にその旨を報告して、どうすれば良いか相談しましょう。

質問：あなたが、気になったけれど、面倒くさいのでそのまま放置していることは何でしょうか？

回答：

林修式即行理論２

上司や目上の人になにか頼まれた場合、なるべく「すぐ」に返事をして、それに取り掛かりましょう。面倒くさいことや、難しいことを頼まれた場合、今は忙しいからすぐには出来ないような返事をする人がいます。

これは、面倒くさいことはできればやりたくないし、難しいことは努力をしたとしても、実際には自分で出来ないかもしれないし、少しでも自分には無理だと思っている節があるので「出来ない理由」を並べ立てるのです。

しかし、依頼する人の気持ちに立てば、普通ならば不可能と思う人には仕事を依頼しないでしょう。その人に頼んで、頼まれた人が仕事を完了できなかった時の責任は自分にくるからです。

それから、人に仕事を頼まれた時に、「すぐ」に返事をしないと「信頼」がなくなってしまいます。この人は、本当に仕事をやってくれるのかどうか不安になるからです。

ですので、仕事を頼まれて「すぐ」に対応出来ない場合は、否定的な感情ではなく肯定的な感情になり、「すぐできない理由」と「いつなら対応可能か」を伝える必要があります。否定的な感情だと、この人物はやる気がなく、本当にやってもらえるか不安になってしまうのです。

人に仕事を頼まれた時に、時間がかかりすぎると「信頼」がなくなってしまいますので、「人間関係」を悪くしないように「相手に相談」することも大切です。

また、複数の仕事を同一人物に依頼された場合は、優先順位を聞いて、どれから取りかかればよいか、「相手に相談」することも重要です。

ところで、例えば「お茶を入れる」など簡単な仕事を依頼された時に、「私は〇〇の仕事をするために、この会社に入社したのですから、そんなことはできません」とか、「この男女平等の時代に女子にだけこのような仕事を頼むのはおかしいのではないですか」とか、表面的には正当な理由を述べて依頼を断る人がいます。

そのようなことを言う人には、何か頼んでもまたやらない理由を言ってくるので、その人に仕事を頼むのが嫌になり、素直に仕事をしてくれる他の人に仕事を頼みがちになります。

正当な理由を述べて依頼を断る人には、自然と頼まれごとが少なくなるのでどんどん仕事がなくなり、会社から不要な人物と思われる可能性が高くなります。

もし、そのような簡単だけど面倒くさい仕事をどうしてもしたくないのであれば、「自分にしかできないような能力」を身につけましょう。

具体的には、次のようなものです。

・セールス
・特殊な技術
・製品の検品
・職人の技量が問われる配合
・溶接技術
・苦情処理
・業務をするうえで必ず必要な資格　等

私の会社の例ですと､私が入社前にカウンター業務で主になっていた人がいました。彼女は高学歴で英語ができて、海外旅行に対する知識が社内ナンバーワンで、他の社員が持っていない海外業務を行う上で不可欠な国家資格を持っていたので、当時週休1日制の時代に、母親の看病をするために、週3日から4日の勤務が認められていました。

これは、他の社員よりも能力が高く、しかも誰も持っていない国家資格を持っていたので、休日をたくさん取ることが認められたわけです。

もしその資格を持っていなければ、そもそも採用されることもなかったでしょう。

自分にしかできないような能力を身につければ、仮に誰かをリストラしなければならない状況になった時、あなたをリストラしようと誰かが言ったとしても、「あの人を仮にリストラしてしまうと〇〇の仕事を処理できる人は他にいないので、会社に大ダメージを与えます」ということになります。

「自分にしかできないような能力」を身につければ、「私、絶対に失敗しないので」というセリフで有名になったドラマの女医が「私は医師免許がなくてもできる仕事はいたしません」といったように、自分がやりたくない仕事を断っても良いのです。

質問：　あなたの所属するチームの中でナンバーワンになれる可能性のある能力は何でしょうか？　あるいは、チームの中で、あなたしかできないことは何でしょうか？

回答：

能あるタカ理論

面接の試験などで、「自分は仕事が人より出来ます」とアピールする人がよくいます。

しかし、自分を過大にアピールすると、採用試験では有利になるかもしれませんが、いざ採用された後、上司が期待していたレベルに達していなかった場合、「こいつ、口だけだったな」と評価がガタ下がりしてしまうことがあります。

過大にアピールするのではなく、客観的に「○○をした経験があります」とか「○○の資格をもっています」とか、「○○の資格ですが、○○の部分が当日出来なくて試験には受かりませんでしたが、○○について勉強はしております」とかアピールすると良いでしょう。

どこを重要視しているかと言うと、「一生懸命さ」「粘り強さ」「素直さ」「誠実さ」でしょう。現在はまだその知識がなかったとしても、表面上のテクニック的なものではなく、「やる気」が伝われば、評価されるのです。

また、私が大学院の卒業式に教授から「自分は能力があるとアピールしない方が良い」と教わったことがあります。「能あるタカはツメを隠す」と同じ意味で、能力があると思われすぎると、上司や目上の人は、仕事をその人に集中して頼む傾向があるからです。なぜなら、上司は、能力があまり高くない人に仕事を頼んで、それが満足いくものでなかった場合、結局自分でやり直さなければいけないので、なるべく能力がありそうな人に、仕事をお願いしたいのです。ですから結果的に、能力をアピールした人に依頼が集中して、やらなければならない仕事が山積みになってしまいます。

何事にもバランスが必要ですが、「一生懸命さ」「粘り強さ」「素直さ」「誠実さ」は、上司やお客さまからの「信頼」を得るには必要なことですので、いつも頭においておく必要があります。

質問：　上司やお客様に対する自分のアピール度は適切だと思いますか？

回答：

３Ｋ歓迎理論

他人が面倒くさいと思うこと、したくないと思うこと、自分には出来ないと思うことを率先すると、上司や目上の人から一目置かれるでしょう。

では、そもそも仕事をするとなぜお金をもらえるのでしょう？

仕事を依頼する人は、

・自分がするのが面倒くさい仕事
・自分がしたくない仕事
・自分が出来ない仕事

を代わりにやってくれる人にお金を支払いたいと思うのです。

「面倒くさい仕事」は、それをやろうとしたら時間がかかるし、面倒だからできるだけやりたくないと思うでしょう。それを代わりにやってくれる人がいたら嬉しいと思いませんか？

「したくない仕事」は、例えば３Ｋ（きつい、汚い、危険）の仕事が当てはまります。きつい仕事をするのは誰でも嫌ですし、汚い仕事も同様です。危険な仕事については、怪我をする確率が非常に高いので、なるべくしたくない仕事です。「人がしたくない仕事」を代わりにやってくれる人がいたら、お金を出してでもお願いしたいと思うでしょう。

「出来ない仕事」に関しては、さらに価値が高い仕事になります。自分ができることは、自分でやれば、お金をあなたに支払う必要がないのです。

面倒くさいだけの仕事であれば、時間をかけて少し我慢さえすればその仕事を完了することができます。したくない仕事についても、きついし、汚いし、危険なので、できればやりたくない仕事ですが、あなたが出来ないわけではありません。

しかし、限られた人だけが出来る仕事は、努力をしても、時間をかけても、やることが出来ない仕事なのです。

だから、お金を稼ぎたいのなら、「人が面倒くさいと思うこと」や「他人がしたくないこと」を、もっとお金をたくさん稼ぎたいのであれば、「他人が出来ないこと」を進んでやる必要があります。

一般的には、国家試験に合格すると、給料がアップします。私の会社の例を挙げますと、私が入社する前は、「一般旅行業務取扱主任者（現在の総合旅行業務取扱管理者）」の資格を持っている人がいない時期がありました。

この資格を持った人が事務所にいないと、海外旅行の取扱いが出来ないのです。ですので、この資格を持った人を絶対に採用しなければならなかったので、自然と募集時の給料は、普通の社員の給料よりも高くなることは容易に想像できるでしょう。

私が入社してからは、逆にほとんどの社員がこの資格を持っていたので、この資格を持っていることが採用条件になっていた時期がありました。当然ながらこの時は、この資格を持っていても、給料が上がるわけではありませんでした。持っていないと、書類選考で不合格になるだけでした。

このように、同じ資格を持っていたとしても、その会社の状況によって全く評価が異なるのです。

どうしてもその資格を持った社員がほしいと思うのであれば、社長の立場に立てば、「自分が出来ないこと」ができると同様のことなので、給料は高くなるのです。

逆に、必ずしもその資格を持った人を必要としていなければ、給料は上がらないのです。

これは、経済学の「需要」と「供給」のバランスと同じことです。

また「自分が出来ないこと」は、それを努力して出来るようになった時、凄く成長出来ます。しかし、がんばっても出来ない場合が多いので、人にお願いする場合はたくさんのお金が必要になるのです。

需要があって、「他人が出来ないこと」を自分自身が出来るようになれば、賃金アップの交渉も可能になるので、たくさん稼ぐことができるようになるでしょう。

質問1：あなたが出来ることで、他人が面倒くさいと思うことは何ですか？

回答1：

質問2：あなたが出来ることで、他人がしたくないことは何ですか？

回答2：

質問3：あなたが出来ることで、他人が出来ないことは何ですか？

回答3：

質問4：あなたは現在まだ出来ないけれど、周りの人が出来ないことを今からできるようにするとすれば、何をできるようになりたいですか？

回答４：

ヘルプ優先理論

上司や目上の人に頼まれたことを「すぐ」することは重要ですが、上司も忙しいので、自分の仕事で頭がいっぱいで、部下の仕事の細かい状況まで把握できない時が多いのです。

自分の仕事に切りがついたら、何か手伝えることはないかと聞くようにする癖をつけるようにしましょう。すると、上司は自分の仕事のなかで、手伝ってもらえることは何かと考えて、喜んで依頼するようになります。

仕事を部下に依頼できれば、自分の時間が空くので、忙しい時には考えることが難しいような、「緊急ではないが重要なこと」に取り組む時間が生まれます。社長など「長」のつく人は、誰でもできるような雑用をする時間をなるべく減らして、会社の方向性について考え、会社をどのような組織で、どのようなシステムを使って、どのような戦略で行動するべきかと言った「緊急ではないが重要なこと」を本来考えなければなりません。ですから部下は、上司の時間を作ることに協力することが重要になってくるのです。

フランクリン・コビー氏の『7つの習慣』の第3の習慣では、「緊急ではないが重要なことをする時間を確保することが、重要である」としています。このことについては、次章で詳しく説明いたしますが、私達が目標を達成するためには、「自分でやる」か、あるいは「他人にお願いする」かのどちらかになります。

大抵の人は、人にお願いをするより、自分でやった方が早いとか、上手にやれると考えて、他人に仕事を任せることを嫌がる傾向があります。しかし、これは間違いで、他人に仕事を任せたほうが効果的な場合が多いのです。

特に自分よりその分野で優れた能力がある人に任せることによって、より優れたものになる可能性が高いですし、頼まれた本人も成長することが出来て一石二鳥なのです。

上司も、人にお願いをするより自分でやった方が早いとか、上手にやれるとか考えている場合が多いので、あなたに仕事をお願いできていない場合が多いのです。

あなたから、仕事を手伝いたいと言われたら、上司はビックリするかもしれませんが、あなたの評価も良くなるはずです。

上司に仕事を頼まれた時、ほとんどの人は言われた仕事だけをこなしている人が多いようです。言われた以上のことをしようとすると、「時間が余分にかかるし、面倒だし、そもそも仕事を増やすことになるので、自分で自分の首をしめるだけだ」と思うかもしれません。

言われた仕事だけをやるだけでは、あくまで「人並み」です。人並みのことだけをやっていれば、当然評価も人並みで、上司から評価されることはありません。

上司に「何か困っていることはございませんか？」とか「何か手伝えることはございませんか？」と話しかけてみましょう。

自分のことに気をかけてくれる人には必ず興味を持ちますし、自分に興味を持ってくれる人には好意を持つ可能性が高いので、忙しい上司の時間をつくることに成功すれば、上司からの評価が上がるのです。

質問：　上司の時間を作るために、あなたはどれくらい上司を手伝おうとしていますか？

回答：

提案転換理論

上司や目上の人に、こうした方が良いとか、プラスアルファーの提案をすることは重要ですが、提案するだけでは返って上司に嫌がられるので注意が必要です。

なぜなら、上司も忙しいからです。提案をするだけでは、上司に仕事を与えて、上司の時間を作るのではなく、逆に時間を奪うのと同じです。


私の会社でも以前、「社長、○○をした方が良いと思います。いかがでしょうか？」と提案してきた社員がいました。

そこで私は提案してくれたことを嬉しく思って「それは良い考えだね。それではそれをやってもらえるか？」とその社員に言ったのですが、「これを行うのは社長でないと無理だと思います。私には難しいです」と言われてがっかりした経験があります。

その社員は、「このようにすれば会社は良くなる」というアイデアを持っていましたが、素晴らしいアイデアを出すこと自体が良いことだと勘違いしており、自分が実際に行動しようとは思っていなかったのです。

自分は提案するだけで、難しいことは社長しかできないと思い込んでいたのです。

改善点を提案するだけでなく、「○○をこのように改善したいのですが、改善してもよろしいでしょうか?」とか「○○にプラスアルファーで○○を加えてみたいのですが、よろしいでしょうか?」といったように上司に許可を取り、上司の時間を使わずに、改善して完了後に「前に言っていた○○の件は完了しました」と報告をすると上司に喜ばれます。

上司は、仕事の進行状況をこまめに報告してもらいたいと思っていますが、多忙な場合が多く余計な仕事が増えることは嫌うのです。

まず「作業の方向性と段取り」を上司に説明して、それで良いか確認して、うまくいっているのであれば、そのまま実行して、完了後に報告するのが良いのです。

途中で問題が生じた場合は、単に「問題が起こっていますが、どのようにすれば良いでしょうか？」と上司に相談してもいいのですが、できれば「いくつかの案」を提案して、「この中でこの方法を採用していきたいのですがいかがでしょうか？」とアドバイスを求めましょう。

あくまで、「責任を自分で取るのは嫌だから、上司に相談すれば、上司から承認をもらっているのと同じだから、自分には責任は回ってこない。」というような「他人事」のような考えにならないようにしましょう。

問題が起こったとしても「自分で責任を取る」という気持ちで仕事をしましょう。「自分で責任が取れない」と思える時は、責任の取れない部分を上司に相談しましょう。

あくまで、上司の時間を空けることを考えて下さい。「上司が出来ないこと」や「上司が面倒くさいと思うこと」をやって上司の時間を作りましょう。給料というお金をもらっているのに、上司の時間を割いてしまっては、本末転倒なのです。

質問1：あなたは、問題点を改善した方が良いと思ったときに、どのような方法でその問題を改善していますか？

回答1：

質問2：あなたは「自分で責任を取る」と思えるようになるには、どのような自分になれば良いと思いますか？

回答2：

同一質問廃止理論

仕事を行っていると、分からないことがたくさん出てきます。分からないことは、教えてもらわないと分からないので、上司から教わることが多いでしょう。上司は、初めてのことは喜んで教えてくれますが、何度も同じことを質問されると「これは、もう○回以上教えたよね」と思って、それを口に出すこともあるかもしれません。

上司も暇ではありません。忙しいのです。何度も教えることは嫌なのです。何度教えても理解してもらえないと、そのうち「この人に教えるのは時間の無駄だ」と思うようになり、その人に対する評価は著しく低下してしまいます。

ですので、分からないことを上司から教わった場合は、その場で処理するだけでなく、問題集を復習して解き直すように、完全に理解する必要があります。理解できない場合はその場で「まだ良く理解できていないようなのでもう一度教えて下さい」と言いましょう。

上司がイライラしてきた場合は、そこでやめておいて、同僚などに教えてもらいましょう。一番いけないのは、理解できていないのにわかったふりをすることなのです。

また理解できるだけでは、不十分な場合があります。あなたも学生時代に教科書や参考書を読んで内容を理解したとしても、いざ問題集を解いてみると正しい回答が出来なかった経験があるはずです。理解するだけでは不十分なのです。自分自身で出来るようになるまで、練習が必要なのです。

これは、既にお話ししましたので復習になりますが、問題を解く時、その問題の解き方を「理解」できるのと、この問題を自分の力だけで「解くことができる」とは全く次元が違います。

上司などから、やり方を教えて貰う場合は、やり方を教えてもらい、やり方を理解できただけでは、次に同じような問題に遭遇した時に自分の力だけで解決できない場合が多いのです。

そのようにならないように、上司などから、やり方を教えて貰う時は、隣でやり方が正しいかどうかを見てもらうようにして、自分の力でやってみるようにして下さい。

自分でやってみると、頭を使うので、問題を解くやり方が記憶に残りやすくなるからです。

そうしないと、頭を使わず、その場で対処しただけなので、記憶にはほとんど残らず、後で同じような問題に遭遇した時、やり方が記憶に残っていないので、自分の力で解決できず、またやり方を質問して、他人を頼ってしまうのです。

何度も質問された人は、「これ○回以上教えたよね」と感じて、この人に何度教えても無駄だと思ってしまうかもしれません。

そうならないように、自分の力だけでやれるようになるまで、何度も練習してみることが重要なのです。

そんなことを言われても、「私は記憶力が悪いので、全く覚えられないのです」と思っている方もいるかも知れません。もしかしたら、全てを暗記しなければならないと勘違いしているかもしれません。

例えば、航空券の予約の仕方は次のようになります。

①航空座席を予約する　②名前と年齢を入力する　③電話番号を入力する　④「完了ボタン」を押す

これをすぐに覚えられない場合は、どのようにすれば良いかと言うと、ストーリーとして理解しながらイメージをして、そのイメージを記憶するのです。

これは、スピーチを暗記するときも同様です。

①Aのことをまず話す　②次にBのことを話す　③次にCのことを話す　④最後にDのことを話す

スピーチの内容をすべて暗記しようとすると大変です。スピーチの例で言えば、Aの内容、Bの内容、Cの内容、Dの内容をそれぞれ「カタマリ」として記憶して、A、B、C、Dというストーリーを立ててイメージをして、そのイメージを記憶すれば、スピーチをすべて記憶することができるのです。

機械の操作方法などを覚える場合も同様に、要素を細かく分解して、それぞれを「カタマリ」と解釈して、パーツとしての「カタマリ」を理解して記憶して、Ａ、Ｂ、Ｃ、Ｄというストーリーをイメージして記憶するのです。

この方法でも記憶出来ない場合は、一冊のノートを作りましょう。このノートに機械の操作方法などをＡ、Ｂ、Ｃ、Ｄの順にメモします。

操作方法などを忘れた場合は、この一冊のノートを見れば良いのです。このノートはいつでも閲覧できる場所に置いておけば、すぐに対応することができるようになります。

問題をその場だけやり過ごしていくと、新入社員が入って来た時に恥をかきます。新入社員から質問されても回答することが出来ず、自分が理解していないことが表面化するのが怖いので、上司に確認せずに間違ったことを部下に教えてしまうことになりかねません。

新入社員が何か失敗した時に「なぜそのようにしたのか」という質問に、「〇〇先輩から、そのような時は〇〇するように教わりました」と報告するでしょう。すると後輩は「〇〇先輩は、何を聞いても回答できない」とバカにするでしょうし、上司の方は「〇〇は、〇年経っても新入社員と同じレベルだ」と諦めの気持ちでいっぱいになってしまうのです。

質問1：あなたが最近上司に質問したことは何でしょうか？
回答1：
質問2：同じような問題が発生した時、現在は自分自身で他人に質問せずに対応できますか？
回答2：
質問3：もしその対応ができない場合、あなたはどのようにすれば、解決可能になると思いますか？
回答3：

クレーム処理マスター理論

一般的な人がなるべくやりたくない仕事に「クレーム処理」があります。これを行うと精神的ダメージが大きく、そもそも怒り狂うお客様を正常な状態にしなければならないので、高度なスキルが必要です。

クレーム処理で大切なことは、相手の態度や行動に怒りを感じても冷静になることです。短気は損気で、怒ったら負けだと知らなければなりません。何を言われても冷静に対応しなければなりません。

次に、相手の言うことを真剣に聞くことが大切です。相手が話している時に、「しかしですね・・・」と話をさえぎってはいけません。話をさえぎってしまうと、お客様は更に怒ってしまうからです。

こうするのが正しくて、こうするのは間違っているという「正義」をもとに、自分の正当性を上げて、こうだからお客様が間違っていると主張してお客様を論破したとしても、お客様はますます腹が立つので問題の解決にはなりません。

私の会社でも、お客様からクレームを受けたことが過去にありました。当時の弊社の担当者は、手配のミスをしたわけではないので、自分は悪くないことを主張して自己防衛に走りました。このお客様は、さらに怒りが込み上がり、大声でお怒りになりました。

その担当者は、自分の「正義」を主張して、自分が悪くないと繰り返すしか方法を知らなかったので、さらにお客様は怒りが込み上がり、大声でお怒りになりました。こうなってしまっては、自分で対処できなくなってしまったので、私にＳＯＳを求めたのです。

クレーム処理で、絶対に覚えていただきたいポイントは次の通りです。

お客様は嫌がらせをしようとして、怒りながら無理難題を突きつけてくるのではないということです。自分が「嫌な気持ちになったこと」や「許せないこと」を共感してほしいだけの場合が多いのです。もちろん、相手に損失を与えて自分が得するようにしようとする人もいますが、そのような人は結構少ないのです。

ですので、相手の言うことを「最後まで真剣に聞く」ことが大切です。そして「お客様は◯◯なことがあって、嫌な気持ちになられているのですね」と共感することが重要です。

「なるべく会社の損害を減らすためにはどのようにしたらいいか」と考えるのではなく、まずはお客様の気持ちになることが重要です。自分がこの立場ならどういう気持ちになるかを感じなければならないのです。

「お客様の気持ちになる」ことができたら、クレーム対応も自然とできるはずです。担当者が共感しているとお客様が感じれば、怒りは少しずつ収まり、お客様のほうから解決方法を教えてくれる場合もあります。

お客様は、共感してくれる担当者にしか心は開きません。それ以外の人からの話は、たとえ正当な理由があったとしても、さらに怒りがこみ上げるだけで、全く聞く耳を持たないのです。（クレーム処理は第3章の自分の強みを発見するの中の「人に合わせることが得意な共感力（テンポ）の強い人の得意分野です）

質問：　クレーム処理を行う時には、何が一番大切だと思いますか？

回答：

新入社員は神様理論

「環境の変化」を利用すれば、次元上昇することが可能です。会社では特に、新入社員が入社して来た時がチャンスです。

私の会社で過去にどちらかと言うと仕事の覚えが悪い社員がいました。しかし、後輩の新入社員が入社した途端、急に仕事ができるようになったのです。これは、この社員だけではなく、他の社員でも同じように、後輩の新入社員が入社した後、急に成長する人が多かったのです。

これは、新しい社員が入ってくると、その新入社員に仕事を教えることになるので、いままでは上司など他人に頼ってばかりだった人も、このままではいけないと思うからでしょう。自分自身のみで仕事ができるようにならなければならないと思うと、自然と仕事をマスターしていくのでしょう。

しかし、新入社員が入社してきても成長しなかった人もいます。このような人は、上司などから、やり方を教えて貰っても、その場だけ対処すれば良いと思う人なので、次に同じような問題に遭遇しても、また誰かに助けてもらえば良いと考えます。

他人を頼る癖がある人は、例え部下が入社してきても、次元上昇することは難しいのです。

あなたは、新しい部下が入社してきたら、積極的に仕事を教えるようにして下さい。
学習方法で一番効率的なことは、「人に教えること」なのです。
人に教えることで、内容を理解した上でアウトプットを行うので、「記憶」に定着しやすくなるからです。

問題を解くことは、非常に効率的な学習法ですが、それ以上に効果的なのは、「人に教えること」なのです。
曖昧な理解では人に教えることは不可能なので、より理解を深めようとするからです。

あなたも、「環境の変化」を活用して次元上昇していって下さい。

質問：あなたは新しい部下が入社してくるとしたら、どのくらいのレベルまで自分の能力を高めれば良いと思いますか？

回答：

目上助け船理論

上司や目上の人の考えを代弁することは重要です。例えば、スタッフが社長に対して、普段の行いや性格の愚痴や、労働時間や賃金に対することなどを責め立てている場合、社長は自分の弁解をすることは困難です。

そこで、社長に代わって、「現在の会社の状態では、そのような要求を満たすことは難しい」とか、「社長はいつも社員のことを思っていて、あなたの思っているような人ではない」とか代弁をしてくれるスタッフには感謝の気持ちが生まれるでしょう。

私の経験をお話しします。ある運転士が会社の備品である乗務員表札を持ち帰って私物化しているという噂がありました。それで本当かどうか確かめるために本人に「もしこれが本当であれば、泥棒みたいなものですので、返して下さい」と軽く確認をしました。すると急に表情が豹変して「泥棒呼ばわりされた！名誉毀損で裁判に訴えてやる！」と激昂したのです。

それを隣で聞いていた社員は、このような状況ですと、大抵は、黙っている場合が多いと思いますが、次のように言って私を助けてくれたのです。

「うちの社長は、常日頃から従業員の生活の保障を最優先で念頭においてくれて、それを第一に考えてくれている人です。今まで○○さんと同様、私もいろいろな会社に勤めてきて、経営者は自分の会社の業績を第一に考えるのが当然なのに、うちの社長は他の社長と違って、自分を犠牲にしてまで、社員のことを慮ることができる希有の人です。

もし○○さんがいわれるような泥棒であると心底思って決め付けていたなら、わざわざ本人にいろいろと聴くようなまどろっこしいことはせず、適当な理由をつけて、ドライバーの仕事をつけないようにすることも出来たはずです。うちの社長は温情のある方なので、○○さんからも事情を聴いて話を敢えてされたのだと思います。

社長といえども人間なので言葉の弾みで○○さんには侮辱ととれた発言もあったかもしれませんが、○○さんにずっと働いてらいたいという気持ちが、社長の心の底にあったからこそ、経営者の立場から言うべきことは言ったのではないかと思います」と。（この文章は、当時のことを思い出してもらい、本人に文字起こしをしてもらったものです。感謝です。）

また、事業承継で困っている会社があるとします。社長は自分の息子にいろいろ伝えたいと思っていたとしても、一般のスタッフと同じようには話すのは難しいかもしれません。そこで、社長の考えを、社長に成り代わって息子さんに話してくれる人にも感謝するでしょう。

上司や目上の人が苦情や批判を受けている場合、部下のことであれば問題を解決することが簡単な人でも、自分のことに対しては上手く対応できない場合が多いのです。このような本人が弁解出来ないような状況では、助け舟を出すと評価が上がり信頼も高まるのです。

質問１：　いま上司が追い詰められていることはありますか？

回答１：

質問2：　その時あなたは、上司にどのように助け舟を出しますか？

回答2：

第５章

会社の業績アップに貢献して五分の一に入る方法

ウィンウィン至上主義理論

普通の人は、誰かが得をすれば、他の人が損をすると思っています。もちろんそのようなことは、この世の中では多いかもしれませんが、すべてではありません。不思議なことですが、自分が得をして、相手にも得をさせることは可能なのです。

スティーブン・R・コヴィーの『7つの習慣』の第4の習慣「ＷｉｎｌＷｉｎを考える」では、相手に負担を強いているＷｉｎｌＬｏｓｅの状態や、自分が我慢しているＬｏｓｅｌＷｉｎの状態では、大きな成果や満足は得られないので、よく話し合ってお互いが得をするように考える必要があるとしています。

学校では点数や偏差値で競争をさせられるのが一般的です。職場では営業成績が良い方の給料が多かったり、競争するのが当たり前の世界に生きています。ですから、勝者がいれば敗者が必ずいると思いがちです。

誰かが得をしても、自分の取り分が少なくなるわけではないのです。「上手くいって良かった」と相手のことも考え、自己犠牲を払わずに、相手も自分もプラスになるようにするにはどうすれば良いかと普段から考える癖をつけるようにしましょう。

そのためには、自分と相手の一つ上の視点から物事を考える必要があります。受験であれば、友人の成績が下がれば、自分が合格する可能性が増えると考えるのではなく、どうしたら二人共仲良く合格することができるのかと考えて、二人で高め合って基準を引き上げて行く必要があるのです。これは、職場でも同様で、社内での個人成績にフォーカスするのではなく、会社あるいは部署全体の成績をあげるよう全員で協力しながら、全員がプラスになるためには、どうすれば良いかを考える必要があります。

質問：　あなたは今までに両者がプラスになった経験があるとすれば
　　　　それは何でしょうか？

回答：

専門知識教授理論

相手に「信頼」され、「尊敬」されるには、専門家としての知識を教えると良いのです。「この人は、私を騙そうとしている」と思われれば、信頼関係を構築することはできないからです。

私は結婚すると決めた後、彼女とある家具屋さんに行きました。家具屋の店員は、驚くことに「この家具は素晴らしいです。いかがですか？」という提案をしませんでした。まず、「良い家具と、悪い家具の見分け方をお教えいたしますね」といって、家具の見分け方を教えてくれたのです。

家具は、まず使われている木によって料金が違うのは当たり前ですが、悪い家具は見えるところだけ、きれいに塗料を塗ってあり、見えないところはきれいに塗料を塗っていないので注意してみる必要があると教えてもらいました。

さらに、家具のつなぎ目を見なければならないことを強調しました。一番悪い家具は、木と木のつなぎ目をボンドや釘でとめただけになっております。普通の家具は、つなぎ目が「まっすぐ」になっています。良い家具は、つなぎ目が「蟻組み（ありぐみ）」といって台形のようになって、きちんと組み合わさっているので壊れにくいというのです。

後日、結婚式場で打ち合わせをしていると、式場のスタッフが「婚礼家具はもう決められましたか？　系列の家具店がありまして、婚礼をしていただくお客様には特別に割引がありますよ」と言うので、結婚式場の系列の家具屋にも足を運びました。

結婚式場の系列の家具屋で、婚礼家具を見ると、たしかに割引後の家具代は安いけれど、全くここで買う気はおこりませんでした。良く見える場所は、きれいに塗料は塗ってあるけれど、それ以外は雑に塗料が塗ってあり、家具のつなぎ目は、蟻組みではなく、まっすぐでした。ですので、初めに見た家具屋で婚礼家具を購入したのは言うまでもありません。

この経験から、相手に専門家としての知識を教えることによって「信頼」が生まれることに気がつきました。
「信頼」されれば、「人間関係」が出来て、他人からではなく、あなたから商品・サービスを購入するでしょう。

質問1：あなたは、何の専門家ですか？
あるいは、何の専門家になりたいですか？
回答1：

質問1：あなたは、専門家として、その商品・サービスのメリットとデメリットをどのように説明しますか？
回答2：

業務効率化理論

みなさんは、毎日のように無意識に日常の業務を行っているかもしれません。この中で何度も繰り返していることはありませんか？　もしあるなら、繰り返ししなくても良いようにするにはどうすればよいかを考えてみましょう。一度だけ苦労して、それ以降は楽をできないかという視点で考えてみましょう。

私の経営する旅行会社は、二〇〇一年に貸切バス事業を開始したのですが、当時は深刻な問題がありました。

バス事業を開始するまでは、貸切バスの手配をするときは、当然のことですが、バス会社に「この行程の場合のバス代金はいくらですか？」と問い合わせして、見積もりを出してもらって、その見積もりを元にお客様に見積書を提出していました。

深刻な問題とは、今までバス会社に見積もりを出してもらっていたので、「自社のバス代金が分からない」ということでした。バス代金は、父が決めていました。父がいないとバス代金が出ないのです。料金をホームページに載せることができれば、スタッフ全員が自社のホームページを見れば案内できます。しかし、私自身がいくらなのかが分からないので、料金表をホームページに載せることが出来なかったのです。

そこで、日常的に行っている業務（私の会社ではバス代金を見積ること）を効率的にするために料金表を作れないか考えました。しかし父は「行程を見ないと料金を出せない」と言うのです。困った私は、「この行程の場合のバス代金は？」という質問を幾つもして、なぜその料金になるのか質問しました。

幾つも質問しているうちに、「これぐらいの距離だと料金はこれぐらいで、この料金を貰えれば、人件費と燃料費と固定費を差し引いても利益が出る」という料金を出す際の父の思考パターンが見えてきました。

父への幾つかの質問から推測した料金パターンに基づいて、「この行程なら、これくらいの料金？」と父に逆に質問したら、「それくらいやな」と肯定されるようになりました。自分でもバス代金が出せるようになっていったのです。これでやっと料金表を作ることができます。スタッフは料金表を見れば、バスの見積額を効率的に計算できるようになったのです。

質問：　日常的に行っている業務を効率的にできるとすれば何ができそうですか？

回答：

ホームページ活用理論

ホームページは、最大の営業マンです。一日２４時間働いてくれます。あなた又はあなたが所属している会社などはホームページを持っていますか？

もし、ホームページがないなら、すぐに作ることをオススメします。あなた又はあなたが所属している会社を調べようとした時、ホームページを検索するはずです。

インスタグラムやフェイスブックなどのＳＮＳやブログがあるから、ホームページはいらないと思っている方はいるかもしれませんが、ホームページは、あなたあるいは会社の商品・サービスをはじめたくさんの情報を載せる「看板」なのです。ＳＮＳやブログは、その人の考えなどを広げるために必要ですが、そこにもホームページのＵＲＬを記載すべきです。

さて、あなたに質問です。ホームページは誰のために作るのでしょうか？

①お客様のために作る
②会社のスタッフのために作る
③自分のために作る

考えてみてくださいね。あなたは、何番でしょうか？

一般的には、「①お客様のために作る」が正解です。きれいなホームページを作って、自分の会社を立派？に見せ、自分の会社がどんな会社で、どんな商品を取り扱っていて、会社の所在地はどこで、問い合わせ先として「お問い合わせは、問い合わせフォームに入力していただくか、ここに記載されている電話番号かＥメールアドレスにどうぞ」というものが一般的です。

私にとってのホームページは、３つすべて重要ですが、一般的な考え方とは「順序が逆」だと考えます。

「自分や会社のスタッフのために作る」と考えて作るのです。そうすれば、見た目よりもコンテンツのほうに焦点が向くのです。

私はこの順番を優先順位として、ホームページを作っています。私の会社のホームページは自分で作っているので、お世辞にもきれいなホームページではありません。私は見た目よりも、まず自分のためにホームページを作り始めました。

始めの頃は、いろいろな業務に必要なインターネット上のページをすぐにアクセスできるよう、自分のパソコン以外のブラウザー（普段インターネットでホームページを閲覧するときに使っているソフト）の「お気に入り」に入れていました。

しかし、仕事場で使用するパソコン、スタッフの使用しているパソコン、自宅のパソコン、外出時に使用するパソコンそれぞれのブラウザーのお気に入りに入れるのは、大変なことでした。さらに、カウンター（店頭）に置いてあるパソコンは、お客様が座った位置で接客するので、自分以外のパソコンを利用しなければならない場合が多いので、自分が良く見るページがそのパソコンの「お気に入り」に入っていない場合が多くて困っていたのです。

そこで考えたのが、会社のホームページに「おすすめリンク集」を作って、そこに業務上有益なページのリンクを張ることでした。これだと、どのパソコンでも自社のホームページにアクセスでき、「おすすめリンク集」を見れば問題は解決できます。しかも、会社のスタッフにも、会社のホームページの「おすすめリンク集」を活用するように指示しておけば、仕事もはかどります。

現在は、社内用のグーグルアカウントを取得して、社内のパソコンのクロームブラウザーをこのアカウントでログインをするようにしておけば、このようなページを作成しなくても良い時代になっていますが、会社のホームページに「おすすめリンク集」を作っておけば社外でも活用することができます。

つぎに、自社の会社が扱っている商品について、電話で問い合わせがあったときにいつも困っていました。電話で問い合わせがあったときに、その商品のパンフレットが手元にあった場合は良いのですが、見当たらなかった場合は即答できませんでした。それでは「調べて折り返しお電話いたします」という対応しかできません。

いつもパンフレットを手元に置いていれば良いだけの話かもしれませんが、いつもパンフレットを持ち歩くのも大変です。そこで、パンフレットの内容を自社のホームページに乗せておけば、お客様も情報を見ることが出来ますし、スタッフも情報を見ることができます。料金などの情報をホームページにアップしておけば、即座に対応できることに気がついたのです。あなたも、ホームページに商品・サービスの料金などの情報をアップして、業務を効率化すると良いのです。

ホームページは、スマートフォンなどインターネットに接続できれば、どこにいても見ることができます。業務で必要な情報や、料金表をホームページにアップロードしておけば、自社のスタッフは自社のホームページを見ながら案内ができます。そうすれば、スタッフごとに違った案内をすることが少なくなり、「業務が標準化」できるのです。お客様も同じホームページを見ているので、自社の取り扱っている商品の情報や料金表を見ることができて安心できるでしょう。

ホームページを活用する秘訣は、業界の常識を公開して、お客様に知識を与え、なぜ自社が他社より優れているのかという自社の強みをアピールすることです。ですから、お客様のためだけに作るのではなく、自社が取り扱っている商品の詳しい情報や料金表を作成するのが難しい場合でも、考えに考え抜き、お客様の問い合わせにスタッフが即座に対応できるよう、自社のホームページを工夫しなければならないのです。

質問：　あなたは、お客様からの質問にすぐ答えることができるようにホームペー
ジをどのように変えたいと思いますか？

回答：

マスト思考理論

あなたは今までに、困難な出来事に遭遇した経験があるかもしれません。今の自分には無理だと思えることもあったでしょう。非常に難しいことですが、あきらめずに挑戦することをオススメいたします。また、面倒くさいことをお願いされた時、どのような気持ちになりましたか？

クリス岡崎氏の『億万長者専門学校』では、「できないと思ったら、やらなければならない」と考えることを推奨しています。なぜ「できないと思ったら、やらなければならない」と思わなければならないかと言うと、「行動」を起こすには「自分の可

能性を信じる力」が一番必要で、自分の可能性を否定して「できない」と思った途端に、思考も行動もストップしてしまうからです。

しかし「できない」と思ったことでも「やらなければならない」と捉え方を変えることによって、可能性を探し始めるようになります。限界を感じているのは「自分の感情」からなのです。

「できない」と思ったことをやってみて失敗したとします。でも、今度は違うやり方でやってみたら「できる」かもしれません。この挑戦する過程でどんどん成長でき、自分のレベルがどんどん上がっていくのです。自分には到底できないことや、ハードルが高すぎると思えることをやってみることによって自分の「価値」を引き上げることができるのです。

あきらめなかったからこそ「参入障壁」を自然に乗り越えることができた私の事例を書きます。

私は貸切バス事業を行っているのですが、貸切バスの新「運賃・料金」が、二〇一四年に国土交通省から公示されました。バスは稼働率が非常に収益に影響します。閑散期にできるだけ稼働率を上げる必要があるので、閑散期はかなり安めに料金を設定していました。しかし、二〇一二年4月に発生した高速ツアーバスの事故から、貸切バス市場の問題点が浮き彫りになりました。このため、国土交通省は、安全と労働環境改善コストを反映した合理的でわかりやすい時間・キロ併用制運賃を二〇一四年4月より実施しました。

貸切バス会社は、各運輸局等が公示した運賃・料金で届出を行う場合、公示運賃の上限額と下限額の幅の中で運賃を決定します。国土交通省が決めた貸切バスの最低運賃（下限額）未満の運賃で運行すると、届出運賃違反として行政処分されることになったのです。

私はこの運賃制度を基にバス運賃の「料金表」を作り始めました。ただ、ここで問題が起こりました。その制度では「大型バスの運賃」、「中型バスの運賃」、「小型バスの運賃」というように、三つの最低運賃が設定されたのですが、グリーントラベルは

「小型バスの運賃」に属するバスが三種類（小型サロンバス、マイクロバス、ハイエースのロングボディーのミニバス）がありました。旧料金表では、それぞれ一日あたり一万円の差をつけておりました。

「小型バスの運賃」に属するバスが三種類（小型サロンバス、マイクロバス、ハイエースのロングボディーのミニバス）の下限運賃が同じということは、例えばレンタカーを借りるとしたら、「クラウン」を借りても、「カローラ」を借りても、「ヴィッツ」を借りても、同じ5人乗りの自家用車なので同料金です、と言っているようなものです。「クラウン」、「カローラ」、「ヴィッツ」のどれを借りても同料金であれば、「クラウン」をほとんどの人が借りて、「カローラ」と「ヴィッツ」を借りる人は少ないですよね。

となると同料金であれば、道が狭くて小型バスやマイクロバスが入れない場合を除いてミニバスを借りてもらえないでしょう。お客様の利用がないのであれば、マイクロバスとミニバスを売却するしかありません。

そこで、愛知運輸支局に、「マイクロバスとミニバスは今まで小型サロンバスより安くしてきたので安くできませんか？」と勇気を出して問い合わせをしました。しかし、問い合わせた結果は、そのような制度に変わってしまったので、できないとのことでした。

その時、「できないと思ったら、やらなければならない」というパワーボキャブラリーが頭に浮かびました。そこで、愛知運輸支局の上位組織である中部運輸局に問い合わせをしました。中部運輸局も制度が変わったばかりで、詳しい情報が国土交通局からきていないとのことでした。

勇気を出して、次のように切実にお願いしました。「例えば、クラウン・カローラ・ヴィッツのどれを借りても同料金であれば、クラウンをほとんどの人が借りて、カローラとヴィッツを借りる人は少ないですよね。小型バスの下限運賃が同じであれば、小型バスを借りていただけるお客様はいますが、同料金であれば、マイクロバスとミニバスを借りていただけるお客様はいません。このままですと、マイクロバスとミニバスは売却するしかありません。マイクロバスの運賃の設定を許可していただけませんか?」と。

そうすると、中部運輸局の職員は、「原価計算書を作成して、もっと安い運賃でも運行出来ることを証明して貰えれば検討いたします」と言って書類を渡してくれたのです。ここでまた問題が起こりました。頂いた原価計算の書類はとても複雑で、こんな書類を作るのは無理だと思いました。

ここでまた、「できないと思ったら、やらなければならない」というパワーボキャブラリーが頭に浮かびました。この書類を作らなければ、マイクロバスとミニバスは処分しなければならない。

ということは、何が何でも、絶対に書類を完成させなければならないという「大きな目的」ができたので「やり抜く力」が発揮できたのです。その結果、原価計算の書類を作成して、原価計算書から安全運行できることを証明して、他のバス会社よりも安い運賃を設定できるという「参入障壁」を作ることができたのです。

アンジェラ・ダックワース氏の『ＧＲＩＴ　やり抜く力』では、「あなたの情熱」と「あなたの粘り強さ」が重要だとしています。

「あなたの情熱」を高めるのは、「大きな目的」に向かって努力して、いったん取り組んだことは、気分転換に目新しさを求めて新しいものに飛びつかないことが必要です。

「あなたの粘り強さ」を高めるには、いったん「大きな目的」を決めたら守り抜こうと心に誓い、障害にぶつかっても、あきらめずに取り組むことが必要です。

これらのことから、知能のレベルが最高ではなくても、最大限の粘り強さを発揮して努力する人は、あまり粘り強く努力しない人より、はるかに偉大な功績を収めるのです。

過酷な労働を強いられている職人に対して、「あなたは今どのような仕事をしているのですか？」と質問をしました。

1番目の職人は「レンガを積んでいます」と言いました。
2番目の職人は「教会をつくっています」と言いました。
3番目の職人は「歴史に残る大聖堂を造っています」と言いました。

あなたは、この3人の職人の考え方の違いをどう思いますか？

仕事が辛いと思った時に、1番目の職人より2番目の職人の方が、2番目の職人より3番目の職人の方が、「やり抜く力」が強くなることは容易に理解できるでしょう。3番目の職人は、「この仕事は社会にとって重要な仕事ですから、私はこの仕事を大切にしています」と思っているから、「やり抜く力」が強くなれたのです。

以上より、「やり抜く力」がもともと弱い人であっても、「大きな目的」がしっかりと定まっていれば「やり抜く力」を強めることができるのです。「大きな目的」というのは、「何故それに取り組むのか？」という質問に対する自分なりの最終的な「答え」だからです。

さらに、「今より成長したい」という願望が加わると、成長すれば自分の力で解決できるはずだと楽観的に考えられるようになり、逆境でも粘り強く頑張れるので「やり抜く力」が強くなります。

質問：あなたが現在、困難な仕事などにぶつかっているとしたら、どのような「大きな目的」を達成したいと思いますか？

回答：

第6章 健康も五分の一を目指す

自分の体を数値化する

あなたは、普段から健康についてよく考えていますか？

五分の一に入る生き方では、健康についても意識する必要があります。意外と健康について考えていない人が多いからです。いくら成功して、お金をたくさん持っていたとしても、健康でなければ長期的に幸せになることはできないのです。

水分を充分に取り、野菜・大豆・青魚など健康に良いと言われているものを意識的にたくさん摂り、健康に悪いと言われているものをなるべく控え、普段からラジオ体操などの運動をして、エレベーターをなるべく使わず階段を利用するなど、健康に良いことに集中すれば、健康についても五分の一に入ることができるのです。


あなたは、健康診断を毎年受けていますか？　健康診断を受けると血液の状態など様々なデーターが記載されている「健康診断書」が貰えます。

健康状態でも五分の一に入ることを考えていきましょう。

健康診断書の数値を見て、正常の範囲から外れている項目をチェックしましょう。

この項目について医師に相談して下さい。医師のアドバイスに沿って食事制限をしたり、処方された薬を飲んだりする必要があります。

健康診断を行っていない場合は、かかりつけの病院で健康診断をしてもらうこともできます。しかし自由診療（保険適用外）になるので8千円くらい費用がかかります。そこで、かかりつけの病院で、「最近体の調子が悪いような気がしますので、血液を調べて下さい」と言うと、保険が適用されますので、お値打ちに血液の調査をしてもらえます。血液検査では、自分の健康状態が数値化できて、推移も把握できるので、年に2回以上することをオススメいたします。

血液は、体重の約8%を占めると言われています。血液には生命を維持するために大切な働きをする色々な成分が含まれています。健康な状態では、血液中の細胞の数や生化学成分は、ある範囲内にあります。血液の細胞数を測定したり、成分を調べたりすることで、健康な範囲内にあるかどうかを調べることによって、体の状態をチェックできるのです。

中高年が特に気をつけなければいけない生活習慣病のサインは、
・ＬＤＬコレステロール（悪玉コレステロール）　高いと注意
・ＨＤＬコレステロール（善玉コレステロール）　低いと注意
・中性脂肪（トリグリセライド）　高いと注意
の３つの数値で、これから「高脂血症」のリスクがわかります。
高脂血症は動脈硬化を引き起こすため、改善が必要な病気なのです。

私が健康について興味を持った理由は、この健康診断の結果からです。
その結果によると、私はＬＤＬコレステロール（悪玉コレステロール）が高く、ＨＤＬコレステロール（善玉コレステロール）が低く、中性脂肪が高いことが分かりました。そうです。すべて悪かったのです。

中性脂肪を下げるには、ＤＨＡとＥＰＡをたくさん取る必要があるので、回転寿司に行くと、いわし・あじ・さばなど青魚を積極的に食べるようになりました。また、ＤＨＡとＥＰＡの入ったサプリメントも毎日飲むことにしました。

悪玉コレステロールを下げるためには、運動をしなければなりませんが、私の場合は運動する意志が弱いので、病院でコレステロールを下げる薬をもらって毎日服用しています。ですので、現在はコレステロールの数値は、すべて正常値になりました。

腎機能の低下については、

・尿素窒素（ＢＵＮ）　高いと注意
・クレアチニン（Ｃｒ）　高いと注意

の２つの数値で、「慢性腎臓病」の傾向を発見できます。

腎臓の働きが悪くなると、高血圧になる傾向が高く、頭痛、めまい、肩こり、耳鳴りなどが生じます。

腎機能の低下によって腎臓や肝臓が大きくなって胃や腸など周囲の臓器を圧迫すると、腹部膨満感などの自覚症状を感じることもあります。脳内の血管にできた膨らみ（脳動脈瘤）が破裂すると、くも膜下出血を起こして命を落とす危険性もあります。

腎機能が低下している方は、なるべく「アルコール」、「塩分」、ご飯・パン・麺などの「炭水化物」を控えましょう。

健康以外でも言えることですが「数値化」すれば、現在の状態を客観的に把握できます。「数値化」しなければ、現在どこに問題があるのかがわかりません。

どこに問題があるのかが分かれば、対処の仕方かが明白になります。

また、「遺伝子検査キット」を通販セットなどで購入されることもオススメします。私が購入した検査キットは約四百項目以上の遺伝子情報が解析できるものでした。定価は3万円以上しますが、通販では2万円以下で購入できるのでそんなに高額ではありません。自分の唾液をキットに入れて郵送すると、遺伝子の解析をしてもらえます。そのレポートから遺伝子的に、自分がどのような傾向があるかや、ガンになる可能性がどれくらいなのかが分かり、どのような病気になりやすいかもわかるのです。

私の場合は、肺がん発症の総合発症リスクが5倍以上で、肝臓がん発症のリスクは総合発症リスクが2．89倍（遺伝的要因で4．32倍、環境的要因が0．67倍）でした。「喫煙者の場合は積極的に禁煙し、健康な肺を維持するために抗酸化食品を食べましょう」「積極的に禁酒をし、肝臓の健康に気を付けてください」というアドバイスや管理方法が詳しく記載されておりました。私はタバコを吸わず、お酒もあまり飲みませんが、もしタバコとお酒が好きならば、より高い確率でガンになることが分かりました。

体に良いものだとしても、過剰摂取は良くありません。私は昔カルシウム不足だったこともあり、ヨーグルト味のカルシウムが入ったラムネのようなものをたくさん食べていました。すると、ある夜、尿路が激しく痛み、寝ることが出来ませんでした。尿に血が混ざっていたので救急車を呼びました。尿路結石でした。カルシウムの取りすぎで、カルシウムが石のようになり、尿道を傷つけたのでした。

ですから、健康に良いからと言って集中的に摂るのではなく、健康に良いと言われているものをバランス良く食べるように努力する必要があります。スイーツ、ジュースやお菓子など健康に悪いと言われているものは、美味しいものが多いのですが、これらは健康に悪いと認識して、意識的にブレーキをかけるように「嗜好」を書き換えていきましょう。

質問1：あなたは、どのような食べ物や飲み物を普段から好んでいますか？
回答1：
質問2：あなたは、健康に悪いものを「嫌い」または「少量のみなら良い」というように「痛み」を感じるように自分を洗脳するためにどうしますか？
回答2：
質問3：あなたは、健康に良いものを「好き」と思えるように自分を洗脳するためにどうしますか？
回答3：

水分を充分に取る

私が健康に対する気配りをはじめたきっかけは、二〇〇八年に受講したあるセミナーに参加したことです。このセミナーで、人生を成功に導くための９つの方法を学んだのですが、その中に、「健康」という概念が入っていたのでビックリしました。

このセミナーには食事もセットされていたのですが、野菜中心で、すべて消化の良いものでした。セミナー中には水分をたくさんとり、このような食事を食べていると、体中のエネルギーが高まり、便も柔らかくなり、体の調子が凄く良くなりました。

健康になるには要約すると、水分を充分に摂取し、消化の良いものを食べ、有酸素運動をたくさんすることで健康になれるというのです。このセミナーに受講後、健康に対する興味が湧いたからか、健康に対するアンテナが立って、健康に関する情報がまるで引き寄せられるように入ってきました。インターネットで調べたりして、本を読んだり、いろいろ研究するようになっていったのです。

ところで、生き物には「酸素」と「水」が不可欠です。

細胞は酸欠状態になると、その細胞が生き延びようとして、突然変異を起こして、ガン細胞になると言われています。充分な酸素があるところでは、ガン細胞は発生しにくいのです。

体内で最も大量にある液体は血液ではなくリンパ液です。リンパ液は血液の2倍以上あるので、リンパ液を綺麗にしなければならないのです。リンパ液を効果的に綺麗にする方法は、「深呼吸」をすることです。

一日に3回、5分から10分程度、深呼吸をすることにより、リンパ液は完全に浄化されます。具体的には、肺が完全に拡大するまで「鼻から息を吸う」ことです。もう一つリンパ液をきれいにする方法は、小型トランポリンの上で跳ねることです。トランポリンの上で飛び跳ねることにより、運動にもなり、リンパ液も循環するのです。

また、充分な水分を摂らないと、脳は収縮して、エネルギーのレベルも落ち、血液はよどみ、細胞に充分な栄養と酸素を運ぶことができなくなります。喉が渇くというのは、水分が異常なほど不足している状態であって、喉が乾いていないから水分が充分であるということではありません。

水はできれば塩素（カルキ）や、塩素と化学反応して生成されるトリハロメタンなどの有害物質が含まれている水道水ではなく、浄水器を通した水を一日2リットル以上飲むと良いのです。体内のほとんどの老廃物や毒素は酸性であるため、アルカリイオン水もオススメです。

それから水分を取る別の方法は、水分の多い食べ物も積極的に摂ることです。果物と野菜は水分をたくさん含む素晴らしい食べ物なので、積極的に食べていきましょう。

果物と野菜を食べる順番も気をつける必要があります。高いエネルギーを得るために、また健康的な食べ方を理解するために、食べ物がどのように消化されるかを理解することも重要です。

「野菜」は胃袋の収縮と拡張の運動によって消化されるので比較的早く消化されま

す。肉・魚・ナッツなどの「タンパク質」は、強い酸性の消化液でタンパク質を分解するので、消化するのに多くの時間がかかります。

胃の負担を少なくするには、消化時間の短い「野菜を先に食べる」ようにして下さい。野菜でお腹が少し満たされれば、食事の量が自然と少なくなるので、食べ過ぎを解消して、肥満も解消できるのです。

それから、「ジャンクフード」は体に非常に悪いということを再確認して下さい。ジャンクフードは、美味しいものが多く、気軽に食べられるので、つい食べがちですが、体に悪影響を与えると言う認識が高ければ、意図的にこれを少なくしようとする気持ちが湧いてくるでしょう。

健康的になるには、野菜を中心とした食事をなるべく増やしていきましょう。野菜サラダに「オリーブオイル」をかけるとさらに良いでしょう。

オリーブオイルは、オレイン酸が主成分のため、オメガ９系の油といわれます。このオメガ９系の油は酸化しにくい油で、体内でも作ることはできますが、それだけでは不足することもあるため、食事による摂取が推奨されています。また、主成分はオメガ９系の脂肪酸ですが、身体の中では生成できない、必須脂肪酸であるオメガ３系や６系のリノール酸やリノレン酸も含まれています。

「ごま」と「きな粉」のパワー

私が経営する食品会社では、「黒ごまきな粉」という商品を取り扱っています。非常に栄養価が高く、しかも安価で健康にも良いので「ごま」と「きな粉」についても説明します。

昔から薬として使われてきた「ごま」には、タンパク質や、カリウム、カルシウム、ビタミンＢ１が多く、特にビタミンＥの活性を高める「セサミン」が含まれています。昔からゴマは漢方薬としても用いられてきました。

種皮の色によって黒ゴマ、白ゴマ、茶ゴマに分けられますが、栄養的にはほとんど差はありませんが、黒ゴマの皮の部分にポリフェノール（リグナン）を多く含んでいます。

カルシウム、マグネシウム、鉄、リン、亜鉛等のミネラルが多く含まれ、骨粗しょう症の予防や貧血の改善に効果があります。たんぱく質、食物繊維、ナイアシン、ビタミンA、B1、B2、B6、Eと葉酸も豊富に含まれていて、抗酸化作用もあります。

活性酸素が体内で生成されるのを抑え、肝臓機能を強化し細胞の老化やガン化を抑制する作用があります。脂質はオレイン酸、リノール酸が80％を占め、たんぱく質も豊富に含むみ、コレステロール抑制にも効果があります。セサミンは肝臓の機能を高める働きをしますので、2日酔いなどの症状にも効果的です。

「きな粉」には、生命を維持するために欠かせない「タンパク質」などの栄養が多く含まれています。

畑の肉と言われる大豆から作られた「きな粉」には、ミネラルも多く含まれています。便秘の解消、血圧の正常化、美肌効果、白髪の予防と改善などの効果があり、非常に健康に良いことが理解できるでしょう。

きな粉には以下のようなものも含まれています。

・タンパク質（疲労回復や免疫力の向上、脂肪の燃焼、美肌効果）
・ナトリウム（体内の水分バランスや細胞外液の浸透圧の維持）
・カリウム（高血圧抑制、体内の水分バランスや細胞外液の浸透圧の維持）
・カルシウム（高血圧抑制、動脈硬化予防）
・鉄分（貧血予防）
・銅（貧血予防）
・亜鉛（白髪予防、貧血予防）
・ビタミンＫ（骨粗鬆症予防、動脈の石灰化抑制）
・ビタミンＥ（若返りのビタミン、血行促進作用、血管老化防止）
・ビタミンＢ１（疲労回復）
・ビタミンＢ２（発育ビタミン、皮膚・粘膜などの細胞再生効果）

・葉酸（貧血予防）
・食物繊維（食後の血糖値上昇抑制、高血圧予防、ダイエット効果）
・イソフラボン（更年期障害予防、骨粗鬆症予防、美肌効果、生活習慣病の予防）
・大豆オリゴ糖（善玉菌のエネルギー源、低カロリーで、腸内環境を改善）
・サポニン（抗酸化作用、血糖値抑制、殺菌・抗菌作用）

以上より、日本人にとって古くからの栄養食品である「ごま」と「きな粉」を普段から摂取するように心がける必要があります。

私は、「黒ごまきな粉」を毎日コーヒーに混ぜて飲んでいます。
コーヒーには、カフェインが含まれているので健康には良くないという説もありますが、コーヒーに含まれるポリフェノールは、血小板が固まるのを防ぎ、血液をサラサラにしてくれます。血管が詰まりにくく、脳梗塞や心筋梗塞を防ぐと言われています。

細胞の健康についても考える

健康を考える上で、「細胞の健康」についても考える必要があります。細胞には生命に関わるある重要な物質が含まれているということが、近年の研究で明らかになっています。その細胞内の物質を食生活や生活習慣を通して、将来的にどれくらい「健康」で「長生き」できるかが決定されます。

細胞には染色体というヒモ状の物質が含まれています。近年生物学や医学の専門家の間で染色体の末端部分にある「テロメア」に注目が集まっています。テロメアは、染色体を保護する役割を担っています。

わたしたちの体をつくっている細胞は、常に分裂を繰り返し、新しい細胞をつくりだしています。そうやって、新しい細胞をつくり出すことで「若さ」を保っています。

しかし、細胞は無限に分裂できるわけではなく、ある回数分裂した細胞は、それ以上分裂できなくなり、これが「細胞死」と呼ばれるものです。この細胞死と密接にかかわっているのが「テロメア」です。細胞が分裂するたびに短くなっていき、ある長さ以下になるとその細胞は分裂できなくなります。

最近、「テロメア」の長さと生物の個体寿命との関連を示すあらたな研究成果が発表されました。英国・東アングリア大学のデイヴィッド・リチャードソン博士らは、セイシェル諸島に生息する三二〇羽のムシクイ（スズメ科の鳥）の群れについて、テロメアの平均的な長さを計測しました。

その結果、テロメアの「長さ」と「寿命」に明確な関連があり、テロメアの長さは、細胞の若さを示す「時計」と考えられ、年重ねるごとにテロメアの長さが短くなっていくのです。

従ってテロメアが短くなってしまうことを極力避けることができれば、病気のリスクを格段に下げて健康寿命を伸ばすことができるのです。

甘いジュースを飲む人ほどテロメアが短くなる傾向があります。甘いジュースを控えめにし、特に「白色の砂糖」を避け、白米・白いパン・白いうどん・白いパスタなどを「腹八分目に抑える」ことが有効なのです。例えば、白色の砂糖を黒砂糖などに変えたり、白米を玄米の入った雑穀米に変えたりすることでテロメアが短くなりにくくなるでしょう。

また、現代人の生活には「過度のストレス」、「睡眠不足」、「環境汚染」など活性酸素を発生させる要素が多いので、細胞が錆び付いてしまい、テロメアが短くなる傾向があります。そのため、なるべくストレスを減らすように努力して、睡眠を充分にとり、食べ物をなるべく汚染されていないものに変えていく必要があります。

積極的に食べたいものは「オリーブオイルをかけた野菜」「果物」「豆類」「海藻類」「ナッツ類」です。青魚・アマニ油・エゴマ油など「オメガ3系脂肪酸」を取ることも非常に重要です。これらには各種ビタミンやミネラル、また強力な抗酸化物質であるフィットケミカルが含まれているので、テロメアを守る食品なのです。

私が経営している会社では、テロメアを伸ばす商品も取り扱っていますので、興味のある人は「グリーンフーズ　テロメア」で検索して下さい。

私は、以前血管の硬さを測定したことがあったのですが、まるで古くなったホースのように血管が固くなっていました。

血管が古くなったホースのように固くなっているということは、動脈硬化で血管が硬くなり、コレステロールなどが沈着して血液の通り道が塞がれている状態で、いつ血管が詰まってもおかしくない状態でした。詰まった場所が「脳」であれば「脳梗塞」、「心臓」であれば「心筋梗塞」になってしまいます。

現在は、テロメアが長くなったのでしょう。私はきな粉の入ったコーヒーを飲んでいるので、結果として血管の硬さは年齢相当に柔らかくなっているのです。血管の細胞が若返えって来ている実感があります。

以上より、水分を十分に取り、野菜・大豆・青魚など健康に良いと言われているものを意識的にたくさん摂り、健康に悪いと言われているものをなるべく控え、普段からラジオ体操などの運動をして、エレベーターをなるべく使わず階段を利用するなど、健康に良いことに集中すれば、健康についても五分の一に入ることができるのです。

おわりに

本書を最後までお読みいただきありがとうございました。
ところで、次の写真を見て下さい。これは、私の自宅のリビングの写真です。

このリビングの写真をみてどう思いましたか？それは会社の社長の自宅なので、多分お金もたくさん持っているだろうから、シャンデリアを買えるのだろうと思ったかもしれません。

しかし、実際にはお金は思ったほどはかかっていません。絵画の真ん中にあるのは、結婚式の時に受付看板として結婚式場が作成してくれたものです。絵画は一つ千円ぐらいの金縁の額の中に、気に入った名画や写真をパソコンでダウンロードして、それを会社のカラーコピー機で印刷しただけです。シャンデリアも大きいものでなければ一万円～二万円ぐらいで、ブラックエンペラー柄のカーペットも一万円ぐらいのものを通販で買うことができます。

このように、お金をそんなに使わなくても、満たされた気分になることができるのです。私の場合は、壁紙も黄色系で、照明も電球色のものを利用しているので、シャンデリアと絵画の額も含めて金色に囲まれて、満たされた気分になっています。満たされた気分になれば、幸福感を感じることができるのです。

そんなことを言っても、社長なのだから、所得も多いからそのようなことを言えるのだと思う方もおられるかもしれません。

しかし、実際、私はそんなに多くの給料を貰っているわけでもありません。

実際に私は貸切バスを所有する旅行会社を経営しているのですが、新型コロナウイルスの広がりによって、予約されていたお客様がほとんど取消になり、新規の予約もなくなり、売上が９０％減という悲惨な状態になりました。

そこで会社の損失を少しでも少なくするために、昨年の２０２０年は基本給を１０万円に下げて、会社の中で一番低い賃金でした。

しかし、「満足基準」に基づいて判断しているので、このような状況でも幸せなのです。

実際に、コロナウイルスのおかげで、時間に余裕ができたので、この書籍の原稿を書く時間も作れました。

シャンデリアのある自宅で、愛する両親、愛する妻、愛する４人の子供に囲まれて、本の出版という夢も叶い、幸せいっぱいに生活しています。

他人からの評価ではなく、自分自身の判断で「自分は幸せだ」と思えるように、本書にある五分の一に入る生き方を実践していきましょう。

最後に、読者の皆さまが「五分の一に入る生き方」により、ますます幸せになれますように願い本書の終わりとします。

令和三年十月　　織田幸男

書籍『五分の一に入る生き方』の購入者特典ページは、以下のＱＲコードをスキャン下さい。書籍購入者限定の「動画」や書籍では公開出来なかったコンテンツを見ることができます。

スキャンできない場合は、大変申し訳ございませんが、
https://www.greentravel.co.jp/orita/5-bun-no-1.html
のＵＲＬアドレスを手入力下さい。【パスワードを入力して秘密のページへアクセスする】のボタンを押して、パスワード「5bunno1」を入力下さい。

【参考文献】

岸見一郎&古賀史健『嫌われる勇気』ダイヤモンド社／本田健『一瞬で人生を変える お金の秘密 happy money』フォレスト出版／望月俊孝『9割夢がかなう宝地図の秘密』中経出版／丸井章夫『幸運を引き寄せたいならノートの神さまにお願いしなさい』すばる舎リンケージ／リチャード・コッチ『人生を変える80対20の法則』阪急コミュニケーションズ／ハーバート・A・サイモン『経営行動―経営組織における意思決定過程の研究』ダイヤモンド社／スティーブン・R・コヴィー『7つの習慣』キングベアー出版／トマス・J・スタンリー『となりの億万長者―成功を生む7つの法則』早川書房／ジェームス・スキナー『成功の9ステップ』幻冬舎。『お金の科学』フォレスト出版。『寝ながら稼ぐ121の方法』KADOKAWA。『史上最強のCEO』フローラル出版／井口晃『バイオハック』SBクリエイティブ／ロジャー・ハミルトン『億万長者 富の法則』中経出版。『才能は開ける』フォレスト出版／ロバート・キヨサキ『金持ち父さん 貧乏父さん』筑摩書房。『金持ち父さんのキャッシュフロー・クワドラント』筑摩書房／D・カーネギー『人を動かす』創元社／クリス岡崎『億万長者 専門学校』中経出版／アンジェラ・ダックワース『GRIT やり抜く力』ダイヤモンド社

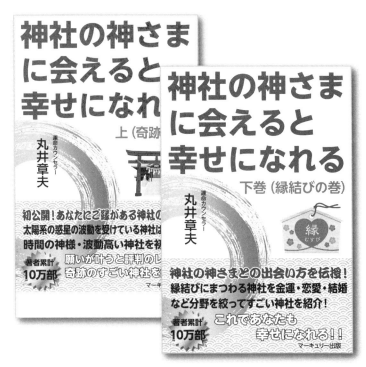

【著者紹介】

織田幸男　（おりた・ゆきお）

1970年三重県四日市市生まれ。南山大学大学院経営学研究科博士前期課程修了。名古屋と四日市にて貸切バスを所有する旅行会社である株式会社グリーントラベルと、健康食品を販売する株式会社グリーンフーズを経営。

中学２年生の前半までの成績は中位であったが、ある秘密を活用することによって成績はうなぎ登りになり、学校の先生や友達から絶対に無理と言われた地域ナンバーワンの高校（学校群）に進学。高校では落ちこぼれるが、最終的には大学院入試で中部地区文系私学ナンバーワンの南山大学に合格。

大学卒業後、何の知識もない状態で、父親が創業した会社に就職。

「なぜこのようにしないのだろう」という疑問の毎日から、新卒で先入観が全くなかったことが幸いし、業界の常識にとらわれない独自の道を歩んでいる。

2007年頃から成功哲学を学び始め、愛知中小企業家同友会にも入会。

現在経営するグリーントラベルは、ＳＥＯ対策によって、グーグルのキーワード検索で希望キーワード「貸切バス　名古屋」等で上位表示させ、ホームページのコンテンツを充実させることによって仕事を標準化し、売上を自動化し、自分の強みを活かすことによって、地域と共に歩む中小企業を目指している。

主要論文は「企業家特性・戦略・組織構造が企業業績に与える影響について」『南山論集（経済学・経営学編）』第27号（1999年3月）

五分の一に入る生き方

2021年 10月3日　第１刷発行

著 者　織田幸男

発 行　マーキュリー出版
名古屋市中村区竹橋町28-5 シーズンコート名駅西601
TEL　052-715-8520　FAX　052-308-3250
https://mercurybooks.jp/

印 刷　モリモト印刷

落丁・乱丁本はお取り替えいたします

ISBN 978-4-9910864-6-5